# 本書の特色と使い方

教科書の内容を各児童の学習進度にあわせて使用できます

教科書の内容に沿って作成していますので，各学年で学習する単元や内容を身につけることができます。

学年や学校の学習進度に関係なく，各児童の学習進度にあわせてご使用ください。

基本的な内容をゆっくりていねいに学べます

算数が苦手な児童でも，無理なく，最後までやりとげられるよう，問題数を少なくしています。

また，児童が自分で問題を解いていくときの支援になるよう，具体物やブロック，●などを使った解き方や見本を

のせています。

うすい文字は，なぞって練習してください。

問題数が多い場合は，1シートの半分ずつを使用するなど，各児童にあわせてご使用ください。

本書をコピー・印刷してくりかえし練習できます

学校の先生方は，学校でコピーや印刷をして使えます。

各児童にあわせて，必要な個所は，拡大コピーするなどしてご使用ください。

「解答例」を参考に指導することができます

本書p102～「解答例」を掲載しております。まず，指導される方が問題を解き，本書の解答例も参考に解答を作成してください。

児童の多様な解き方や考え方に沿って答え合わせをお願いいたします。

目　次

3つの かずの けいさん　……………………　4

くりあがりの ある たしざん　……………………　11

じゅんび

9 ＋ ○の けいさん

8 ＋ ○の けいさん

7 ＋ ○の けいさん

6 ＋ ○の けいさん

5 ＋ ○の けいさん

4 ＋ ○の けいさん

3 ＋ ○の けいさん

2 ＋ ○の けいさん

けいさん れんしゅう

ぶんしょうだい

くりさがりの ある ひきざん　……………………　27

じゅんび

○ － 9の けいさん

○ － 8の けいさん

○ － 7の けいさん

○ － 6の けいさん

○ － 5の けいさん

○ － 4の けいさん

○ － 3の けいさん

○ － 2の けいさん

ひいて ひく ほうほう (減々法)

けいさん れんしゅう

ぶんしょうだい

たしざんかな ひきざんかな

とけい　……………………………………………　51

なんじ なんじはん

なんじ なんぷん

おおきさくらべ　………………………………　57

ながさくらべ

かさくらべ

ひろさくらべ

かたち ・・ 65

    かたちあそび

    かたちづくり

おおきい かず ・・・・・・・・・・・・・・・・・・・・・・・・・・・・・・・・ 70

    40までの かず

    100までの かず

    100より おおきい かず

    たしざん・ひきざん

どんな しきに なるかな ・・・・・・・・・・・・・・・・・・・・・ 91

解答 ・・ 102

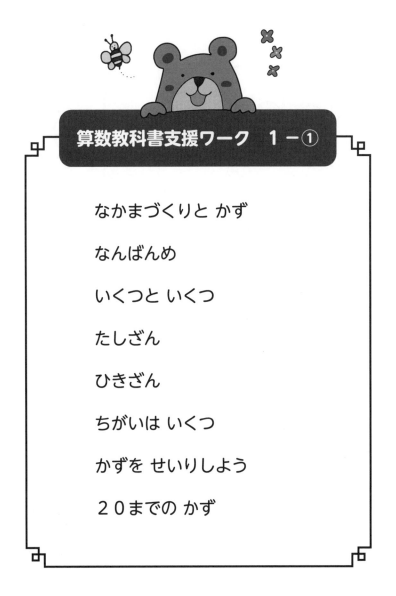

算数教科書支援ワーク　1－①

なかまづくりと かず

なんばんめ

いくつと いくつ

たしざん

ひきざん

ちがいは いくつ

かずを せいりしよう

２０までの かず

3つの　かずの　けいさん (1)

		なまえ
がつ	にち	

● とりは　なんわに　なりますか。しきを　かきましょう。

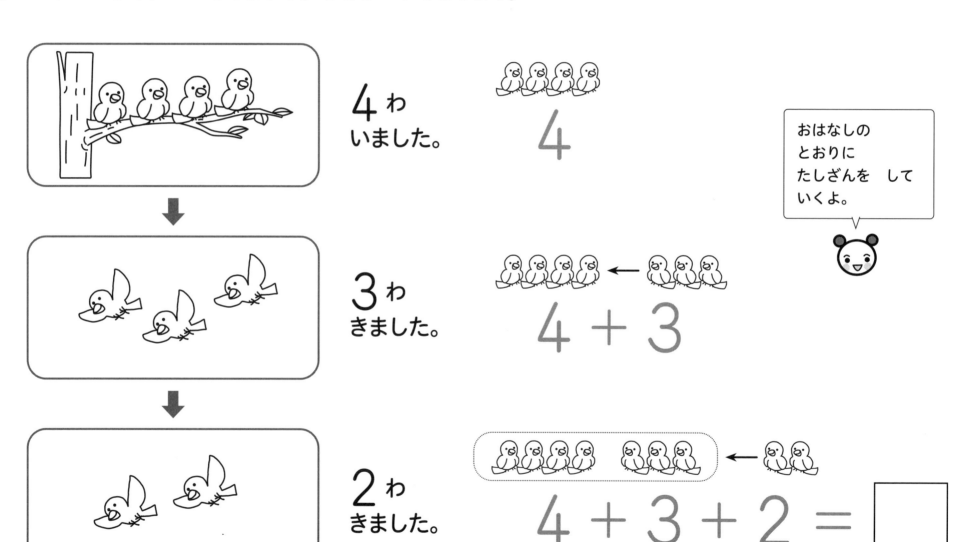

3つの かずの けいさん (2)

		なまえ
がつ	にち	

● けいさんを しましょう。

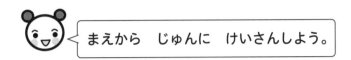
まえから じゅんに けいさんしよう。

① $2 + 5 + 3 =$ □

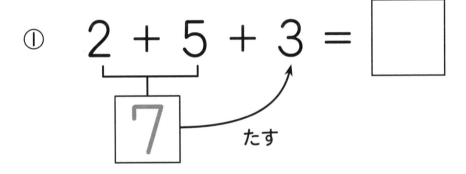
7 たす

② $3 + 1 + 4 =$ □
たす

③ $6 + 4 + 5 =$ □

④ $3 + 4 + 2 =$ □

⑤ $1 + 6 + 3 =$ □

3つの かずの けいさん (3)

がつ	にち	なまえ

● バナナは なんぼん のこって いますか。しきを かきましょう。

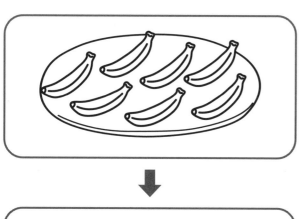

7ほん
あります。

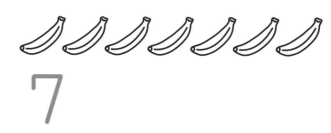

7

2ほん
たべました。

7－2

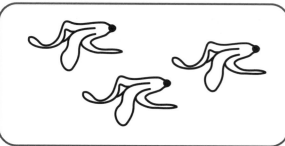

3ぼん
たべました。

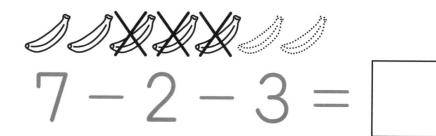

7－2－3＝

6

3つの　かずの　けいさん (4)

● けいさんを　しましょう。

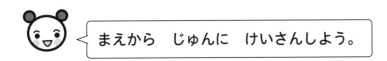

まえから　じゅんに　けいさんしよう。

① 8 − 4 − 2 = ☐

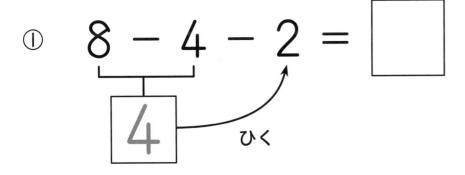

ひく

② 6 − 1 − 4 = ☐

ひく

③ 10 − 2 − 5 = ☐

④ 9 − 3 − 4 = ☐

⑤ 12 − 2 − 7 = ☐

3つの　かずの　けいさん (5)

● たまごは　なんこに　なりますか。しきを　かきましょう。

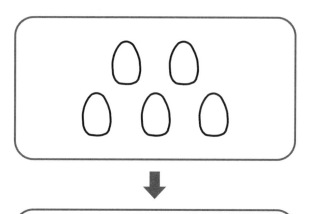

5こ
あります。

5

ひきざんと
たしざんが
まじった
けいさんだね。

3こ
つかいました。

$5 - 3$

6こ
かって　きました。

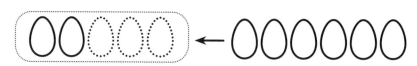

$5 - 3 + 6 = \boxed{}$

3つの かずの けいさん (6)

● けいさんを しましょう。

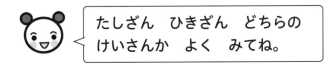
たしざん ひきざん どちらの けいさんか よく みてね。

① $4 + 5 - 7 =$ ☐

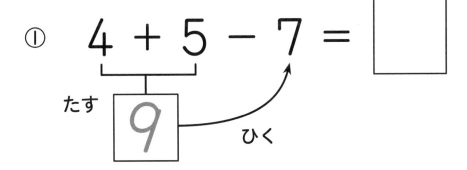
たす 9 ひく

② $10 - 8 + 4 =$ ☐

ひく たす

③ $3 + 7 - 2 =$ ☐

④ $9 - 3 + 1 =$ ☐

⑤ $6 + 2 - 5 =$ ☐

3つの　かずの　けいさん (7)

● いちごが　│10こ│　あります。
　あさ，│3こ│　たべました。
　おやつに　│5こ│　たべました。
　いちごは　なんこ　のこって　いますか。

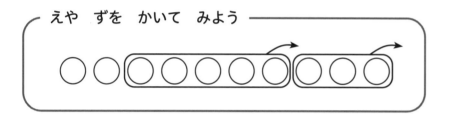

┌─ えや　ずを　かいて　みよう ─┐

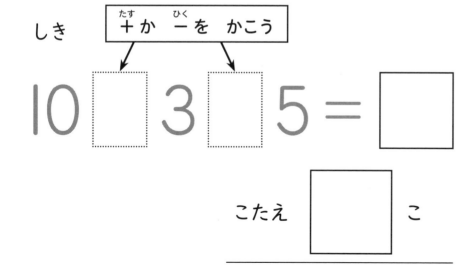

しき

┌── たす　　　ひく ──┐
│ ＋か　　－を　かこう │
└─────────┘

10 ☐ 3 ☐ 5 = ☐

こたえ ☐ こ

● えんぴつが　│6ぽん│　あります。
　│4ほん│　かって　もらいました。
　いもうとに　│3ぽん│　あげました。
　えんぴつは　なんぼんに　なりましたか。

┌─ えや　ずを　かいて　みよう ─┐
│　　　　　　　　　　　　　　　│
└─────────────────┘

しき

┌── たす　　　ひく ──┐
│ ＋か　　－を　かこう │
└─────────┘

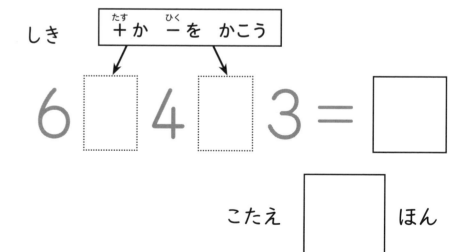

6 ☐ 4 ☐ 3 = ☐

こたえ ☐ ほん

くりあがりの ある たしざん (1)

がつ	にち	なまえ

● 10は いくつと いくつですか。

①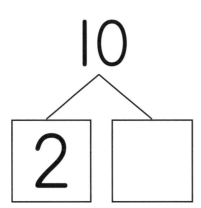

②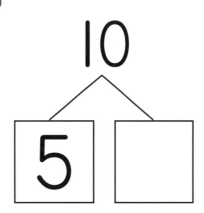

③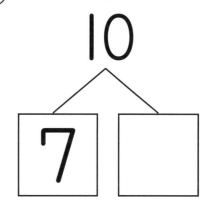

④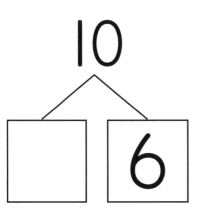

⑤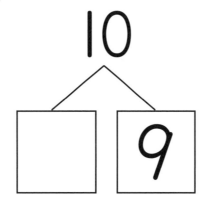

くりあがりの ある たしざん (2)

じゅんび

● あと いくつで 10に なりますか。

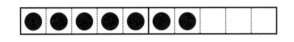

① 7と □ で 10

□に ●を かいて かんがえよう。

② 5と □ で 10

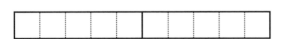

③ 2と □ で 10

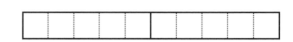

④ 1と □ で 10

⑤ 3と □ で 10

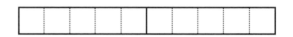

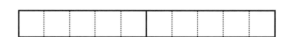

⑥ 6と □ で 10

くりあがりの ある たしざん (3)

9+○の けいさん

● たまごが 9こ あります。

4こ かって きました。

ぜんぶで なんこに なりましたか。

10こいりの たまごを つくろう。

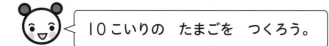

のこり

1こ　3こ

しき

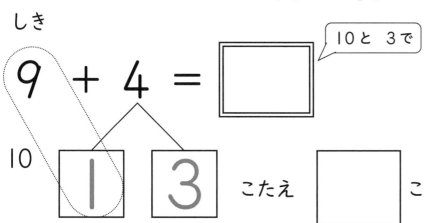

10と 3で

こたえ　　　　こ

● 9＋3の こたえを 10を つくって かんがえましょう。

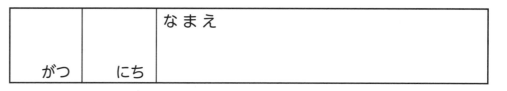

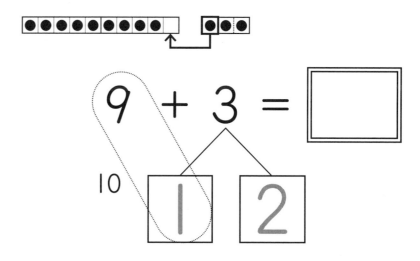

$9 + 3 =$

10

1　2

13

くりあがりの ある たしざん (4)

9 + ○の けいさん

● 10を つくって けいさんしましょう。

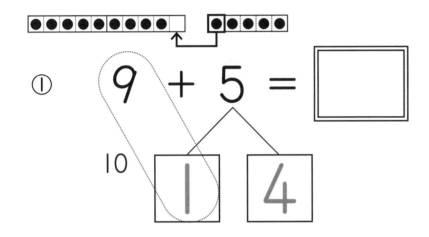

① 9 + 5 = ☐

10 ☐1 ☐4

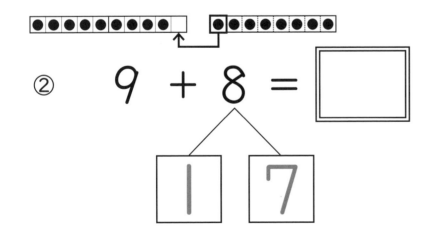

② 9 + 8 = ☐

☐1 ☐7

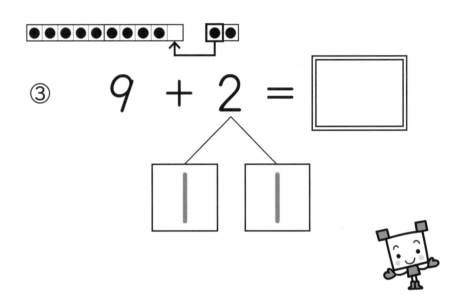

③ 9 + 2 = ☐

☐1 ☐1

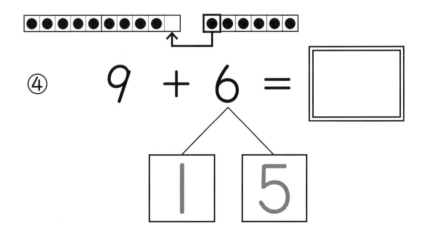

④ 9 + 6 = ☐

☐1 ☐5

くりあがりの ある たしざん (5)

8 +○の けいさん

● たまごが 8こ あります。

6こ かって きました。

ぜんぶで なんこに なりましたか。

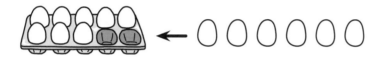

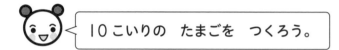

10こいりの たまごを つくろう。

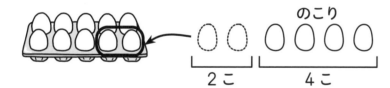

のこり

2こ　　4こ

しき

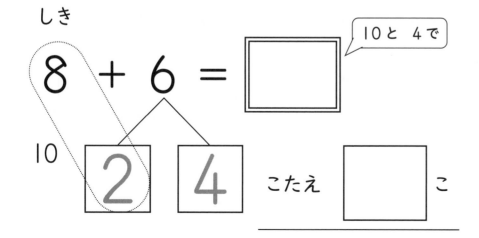

8 + 6 =

10と 4で

10　 2　 4

こたえ　　　　こ

● 8 + 4の こたえを 10を つくって

かんがえましょう。

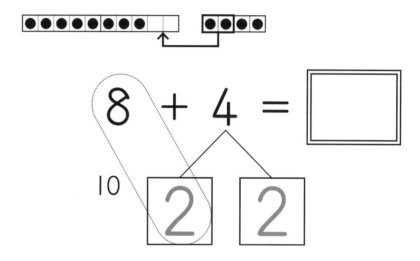

8 + 4 =

10　 2　 2

15

くりあがりの　ある　たしざん (6)

8 +○の　けいさん

● 10を　つくって　けいさんしましょう。

①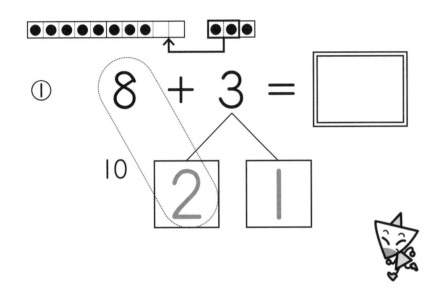

8 ＋ 3 ＝ ☐

10　2　1

②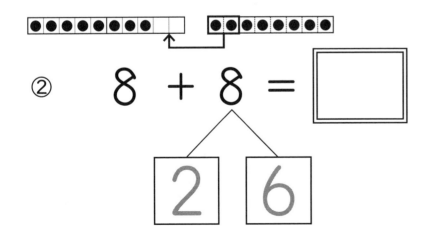

8 ＋ 8 ＝ ☐

2　6

③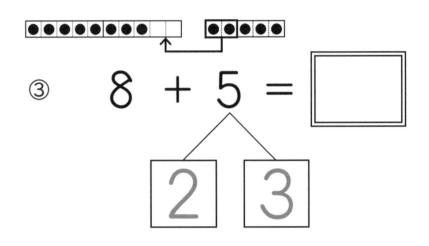

8 ＋ 5 ＝ ☐

2　3

④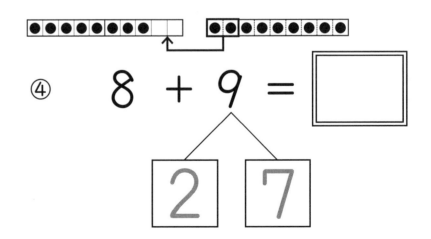

8 ＋ 9 ＝ ☐

2　7

がつ	にち	なまえ

● たまごが 7こ あります。

5こ かって きました。

ぜんぶで なんこに なりましたか。

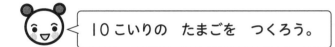

10こいりの たまごを つくろう。

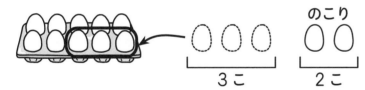

のこり

3こ　2こ

しき

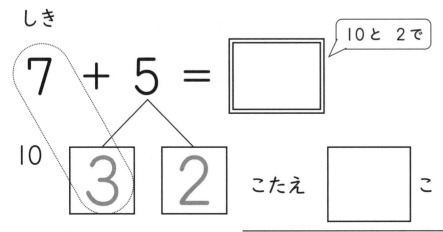

7 + 5 =

10と 2で

10　3　2

こたえ　　　こ

● 7 + 4の こたえを 10を つくって

かんがえましょう。

7 + 4 =

10　3　1

17

くりあがりの ある たしざん (8)

6 +○,
5 +○の けいさん

● 10 を つくって けいさんしましょう。

①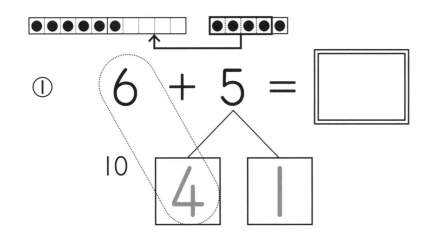
6 + 5 = ☐

10 → [4] [1]

②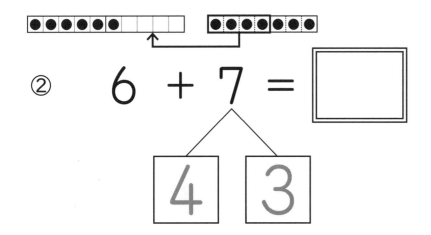
6 + 7 = ☐

[4] [3]

③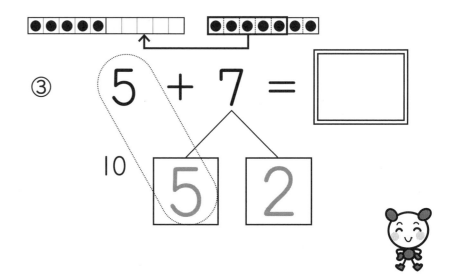
5 + 7 = ☐

10 → [5] [2]

④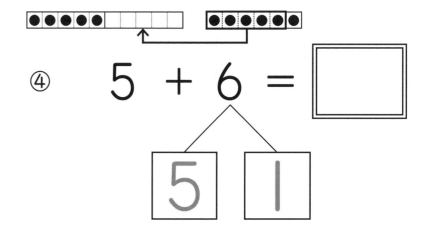
5 + 6 = ☐

[5] [1]

くりあがりの　ある　たしざん (9)

$4 + \bigcirc,\ 3 + \bigcirc,$
$2 + \bigcirc\ の\ けいさん$

がつ	にち	なまえ

● 10 を　つくって　けいさんしましょう。

①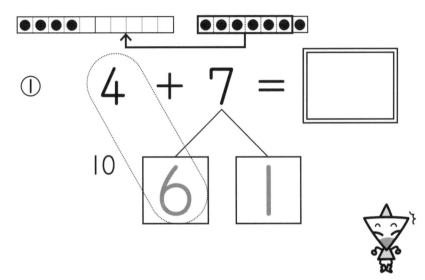

$4 + 7 =$

10　6　1

②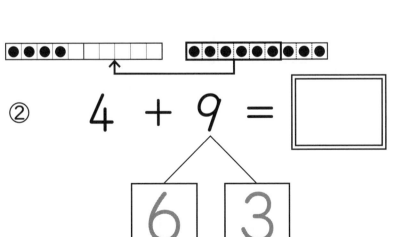

$4 + 9 =$

6　3

③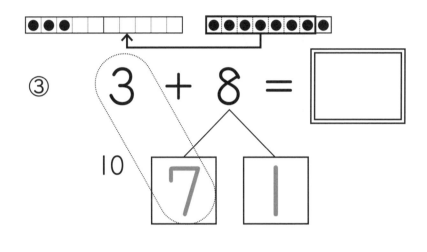

$3 + 8 =$

10　7　1

④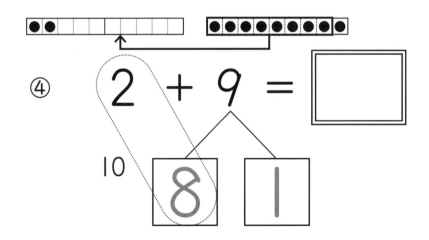

$2 + 9 =$

10　8　1

くりあがりの ある たしざん (10)

● けいさんを しましょう。

① 9 + 6 = ☐

10

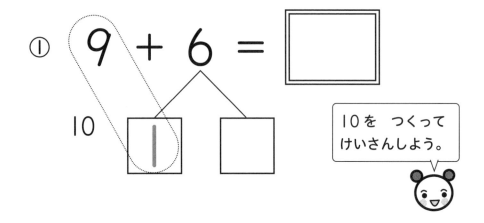

10を つくって けいさんしよう。

② 7 + 5 = ☐

10

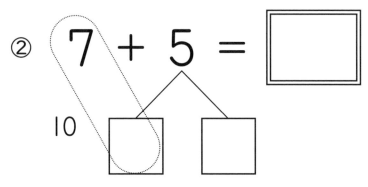

③ 6 + 5 = ☐

④ 9 + 4 = ☐

⑤ 8 + 7 = ☐

くりあがりの ある たしざん (11)

		なまえ
がつ	にち	

● けいさんを しましょう。

① 8 + 5 = ☐

10 2 ☐

10を つくって けいさんしよう。

② 6 + 6 = ☐

10 ☐ ☐

③ 9 + 8 = ☐

☐ ☐

④ 7 + 7 = ☐

☐ ☐

⑤ 9 + 5 = ☐

☐ ☐

くりあがりの ある たしざん (12)

● 4 + 8 を けいさんしましょう。

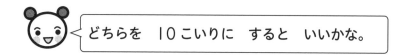
どちらを 10こいりに すると いいかな。

4 + 8 =

2 2 10

ちいさい ほうの かずを わけるよ。

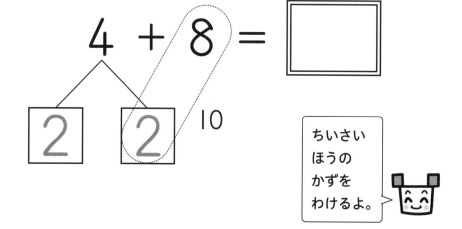

● 10を つくって けいさんしましょう。

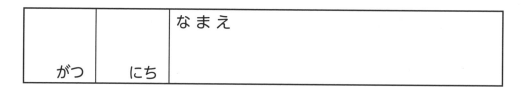

① 3 + 9 =

2 1 10

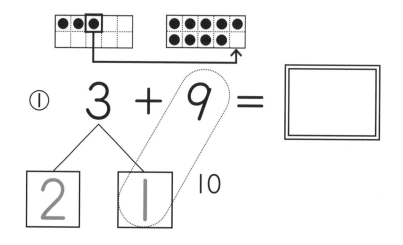

② 5 + 6 =

1 4 10

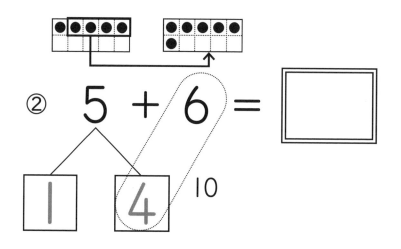

22

くりあがりの ある たしざん (13)

● 10を つくって けいさんしましょう。

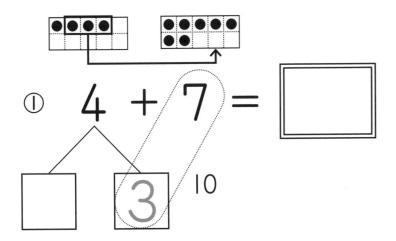

① 4 + 7 = ☐

3　10

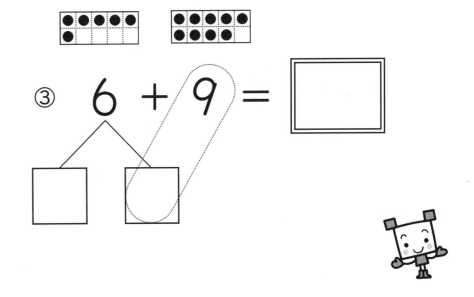

③ 6 + 9 = ☐

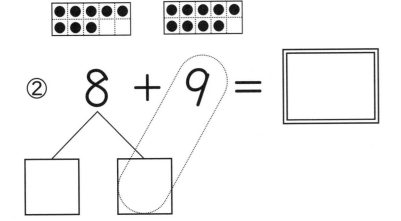

② 8 + 9 = ☐

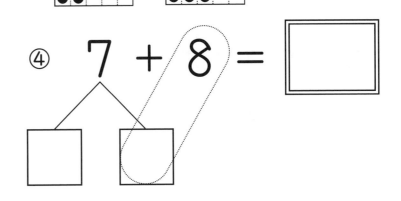

④ 7 + 8 = ☐

くりあがりの　ある
たしざん（14）

がつ	にち	なまえ

● けいさんを　しましょう。

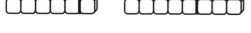

① $6 + 8 =$

② $9 + 3 =$

③ $5 + 9 =$

④ $7 + 9 =$

⑤ $8 + 4 =$

⑥ $6 + 6 =$

くりあがりの　ある　たしざん（15）

● けいさんを　しましょう。

① $9 + 2 =$

② $8 + 8 =$

③ $7 + 6 =$

④ $5 + 8 =$

⑤ $7 + 9 =$

⑥ $3 + 8 =$

25

くりあがりの ある たしざん （16）

ぶんしょうだい

● くるみさんは めだかを 8ひき かって います。6ぴき もらいました。
　めだかは ぜんぶで なんびきに なりましたか。

 はじめに いた めだか ☐ ひき

 もらった めだか ☐ ぴき

しき
　はじめに いた めだか ☐ ＋ もらった めだか ☐ ＝ ぜんぶで ☐

こたえ ☐ ひき

● あかい はなが 4ほん さいて います。きいろい はなが 9ほん さいて います。
　はなは あわせて なんぼん さいて いますか。

 あかい はな ☐ ほん

きいろい はな ☐ ほん

しき
　あかい はな ☐ ＋ きいろい はな ☐ ＝ あわせて ☐

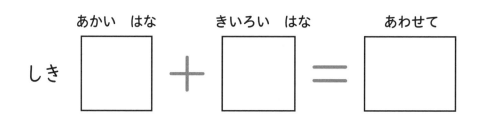

こたえ ☐ ぼん

くりさがりの ある ひきざん (1)

じゅんび

● けいさんを しましょう。

10-○の けいさんを おもいだそう。

① $10 - 3 = \boxed{}$

② $10 - 6 = \boxed{}$

③ $10 - 5 = \boxed{}$

④ $10 - 1 = \boxed{}$

⑤ $10 - 8 = \boxed{}$

⑥ $10 - 7 = \boxed{}$

⑦ $10 - 9 = \boxed{}$

⑧ $10 - 4 = \boxed{}$

⑨ $10 - 2 = \boxed{}$

くりさがりの　ある
ひきざん (2)

じゅんび

がつ	にち	なまえ

● □に　かずを　かきましょう。

① 12は 10と 2

② 18は 10と □

③ 15は 10と □

④ 17は 10と □

⑤ 11は 10と □

⑥ 13は 10と □

⑦ 19は 10と □

⑧ 16は 10と □

⑨ 14は 10と □

くりさがりの ある ひきざん (3)

		なまえ
がつ	にち	

● クッキーが 15こ あります。

9こ たべました。

のこりは なんこに なりますか。

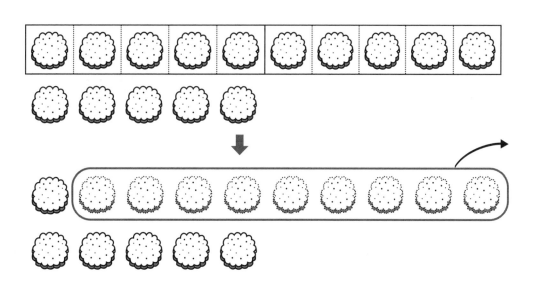

15を
10と 5に わける

10から 9を ひく

のこった クッキーに いろを ぬろう。

しき　15 − 9 =

こたえ □ こ

29

くりさがりの ある ひきざん (4)

○－9の けいさん

がつ	にち	なまえ

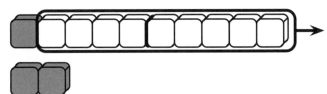

① 12 － 9 =

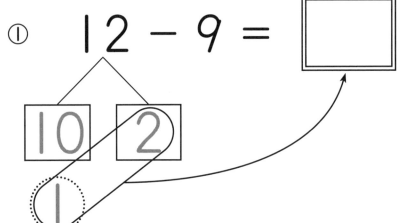

❶ 12を 10と 2に わける。

❷ 10から 9を ひいて ①

❸ ①と 2で 3

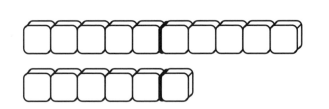

② 16 － 9 =

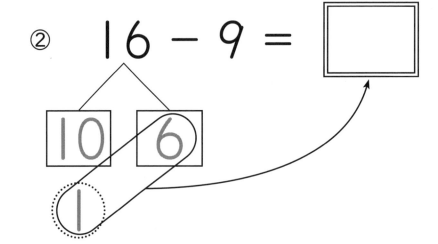

❶ 16を 10と 6に わける。

❷ 10から 9を ひいて ①

❸ ①と 6で 7

30

くりさがりの ある ひきざん (5)

○－9の けいさん

がつ	にち	なまえ

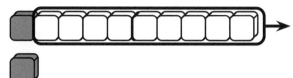

① $11 - 9 =$ ☐

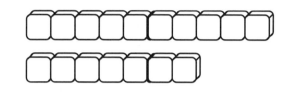

② $17 - 9 =$ ☐

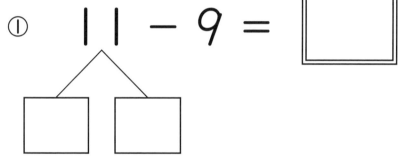

③ $14 - 9 =$ ☐

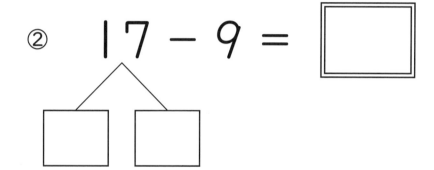

④ $13 - 9 =$ ☐

くりさがりの ある ひきざん (6)

がつ	にち	なまえ

● クッキーが 13こ あります。

8こ たべました。

のこりは なんこに なりますか。

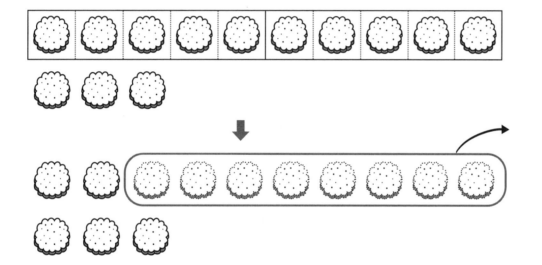

13を
10と 3に わける

10から 8を ひく

のこった クッキーに いろを ぬろう。

しき　13 － 8 ＝ □　　　　こたえ □ こ

くりさがりの ある ひきざん (7)

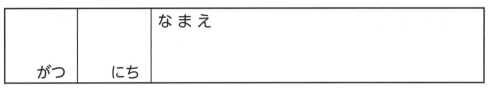

○－8の けいさん

がつ	にち	なまえ

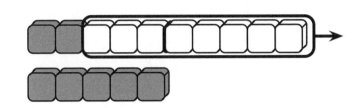

① 15 − 8 =

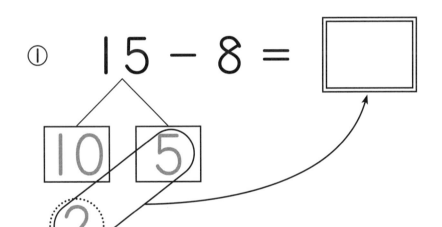

❶ 15を 10と 5に わける。

❷ 10から 8を ひいて ②

❸ ②と 5で 7

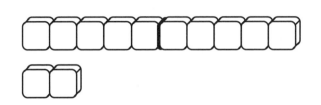

② 12 − 8 =

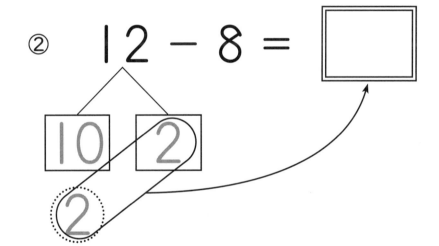

❶ 12を 10と 2に わける。

❷ 10から 8を ひいて ②

❸ ②と 2で 4

33

くりさがりの ある ひきざん (8)

○－8の けいさん

がつ	にち	なまえ

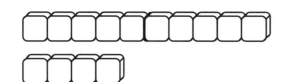

① $14 - 8 =$ ☐

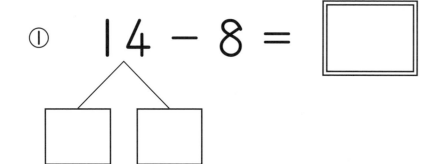

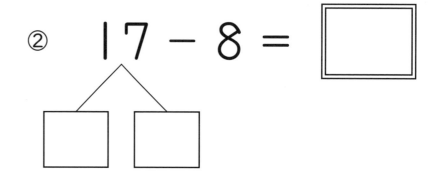

② $17 - 8 =$ ☐

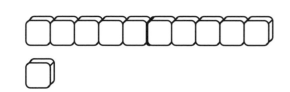

③ $11 - 8 =$ ☐

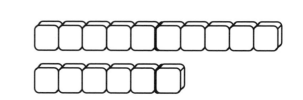

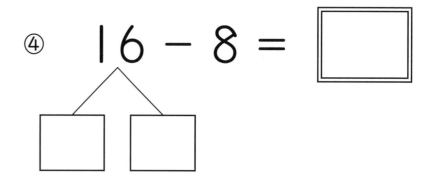

④ $16 - 8 =$ ☐

くりさがりの ある ひきざん (9)

がつ	にち	なまえ

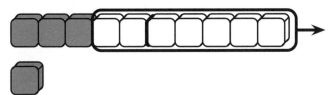

① 11 − 7 = 　

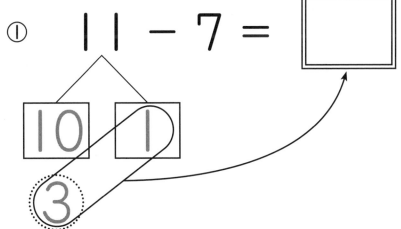

10　1

3

● 11を 10と 1に わける。

❷ 10から 7を ひいて ③

❸ ③と 1で 4

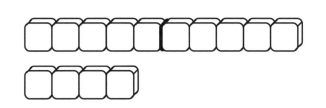

② 14 − 7 = 　

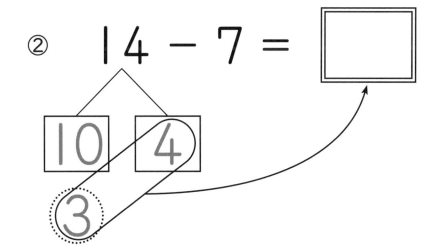

10　4

3

● 14を 10と 4に わける。

❷ 10から 7を ひいて ③

❸ ③と 4で 7

くりさがりの ある ひきざん (10)

		なまえ
がつ	にち	

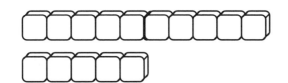

① $15 - 7 =$ ▢

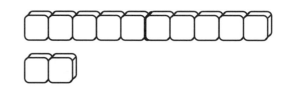

② $12 - 7 =$ ▢

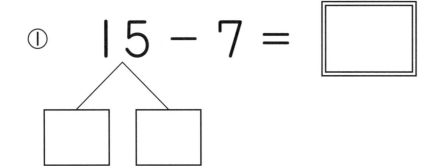

③ $13 - 7 =$ ▢

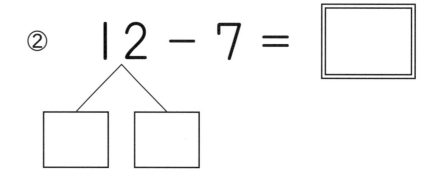

④ $16 - 7 =$ ▢

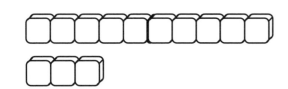

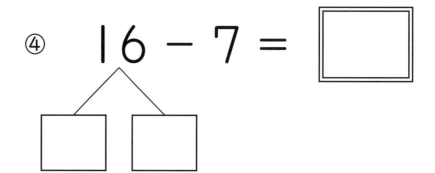

36

くりさがりの　ある　ひきざん（11）

○−6,
○−5の　けいさん

がつ	にち	なまえ

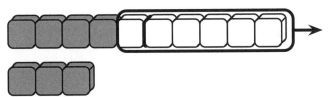

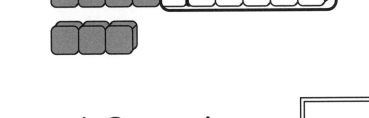

① 13 − 6 = ☐

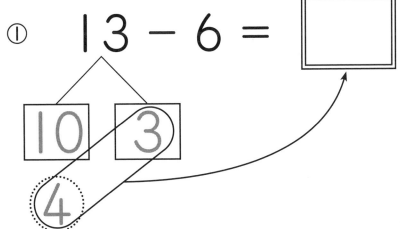

10　3

④

❶ 13を　10と　3に　わける。

❷ 10から　6を　ひいて　④

❸ ④と　3で　7

② 11 − 5 = ☐

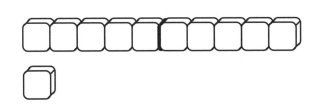

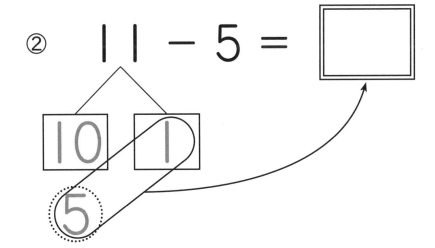

10　1

5

❶ 11を　10と　1に　わける。

❷ 10から　5を　ひいて　⑤

❸ ⑤と　1で　6

くりさがりの ある ひきざん (12)

がつ	にち	なまえ

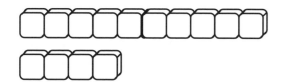

① $14 - 6 =$

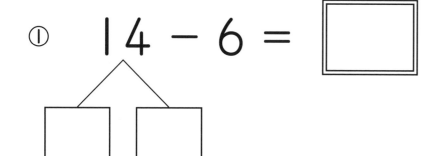

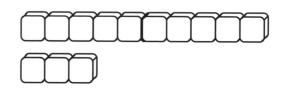

② $13 - 5 =$

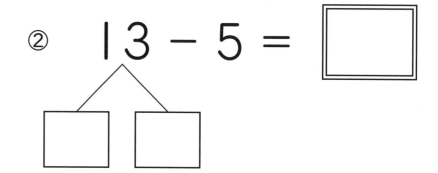

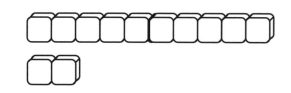

③ $12 - 6 =$

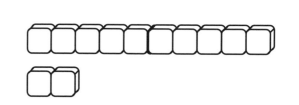

④ $12 - 5 =$

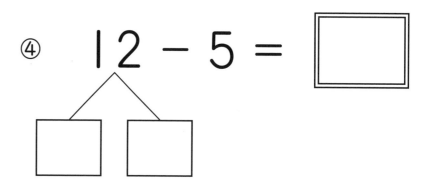

38

		なまえ
がつ	にち	

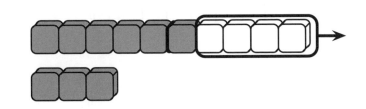

① $13 - 4 = $

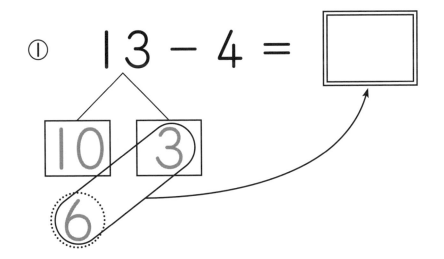

| 10 | 3 |

6

❶ 13を 10と 3に わける。

❷ 10から 4を ひいて ⑥

❸ ⑥と 3で 9

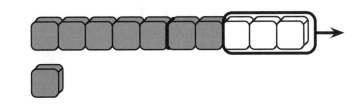

② $11 - 3 = $

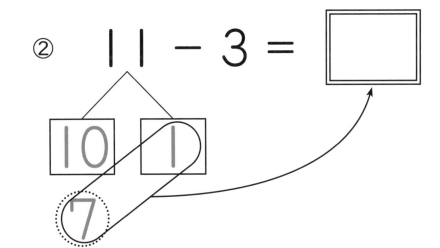

| 10 | 1 |

7

---

❶ 11を 10と 1に わける。

❷ 10から 3を ひいて ⑦

❸ ⑦と 1で 8

くりさがりの ある ひきざん (14)

○－4, ○－3,
○－2の けいさん

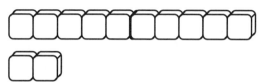

① 12 － 4 =

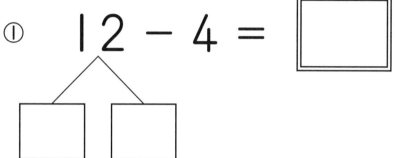

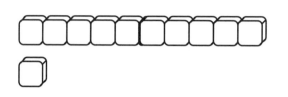

② 11 － 2 =

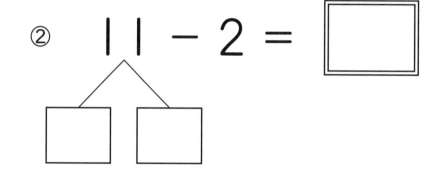

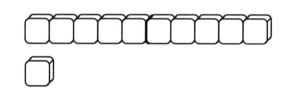

③ 11 － 4 =

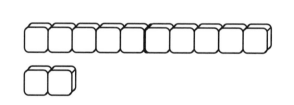

④ 12 － 3 =

くりさがりの ある ひきざん (15)

がつ	にち	なまえ

● けいさんを しましょう。

① 13 − 9 =
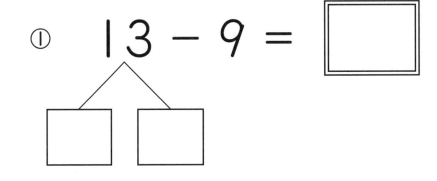

② 15 − 7 =
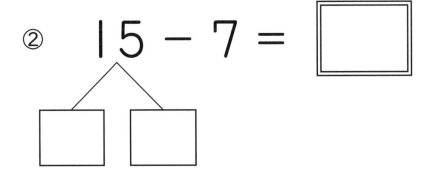

③ 16 − 8 =
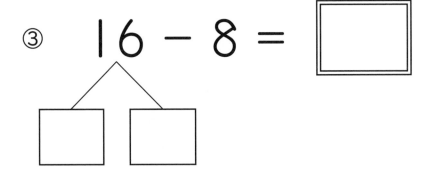

④ 14 − 5 =
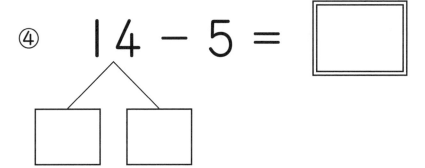

⑤ 11 − 6 =

くりさがりの　ある
ひきざん （16）

がつ	にち	なまえ

● けいさんを　しましょう。

① $11 - 8 =$

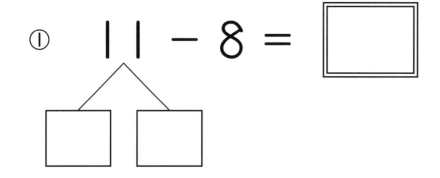

② $18 - 9 =$

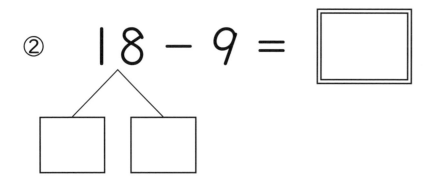

③ $12 - 6 =$

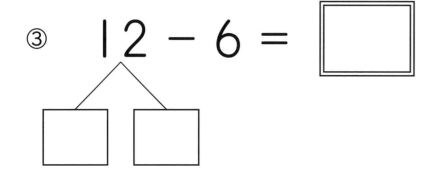

④ $12 - 4 =$

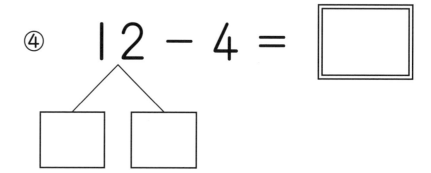

⑤ $14 - 7 =$

くりさがりの ある ひきざん (17)

ひきざんの しかた
(ひいて ひく ほうほう)

● クッキーが 12こ あります。

3こ たべました。

のこりは なんこに なりますか。

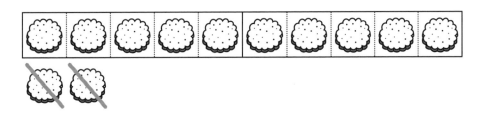

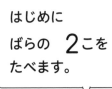

はじめに
ばらの 2こを
たべます。

つぎに
10こから
1こ たべます。

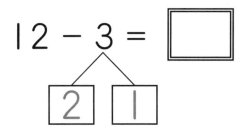

$12 - 3 =$ □

❶ 3を 2と 1に わける。

❷ $12 - 2 = 10$

❸ $10 - 1 = 9$

しき $12 - 3 =$ □

こたえ □ こ

43

くりさがりの ある ひきざん (18)

ひきざんの しかた
(ひいて ひく ほうほう)

● けいさんを しましょう。

① 16 − 8

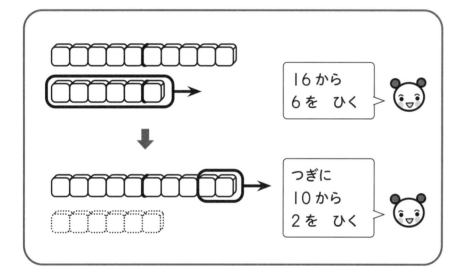

16 から 6を ひく

つぎに 10から 2を ひく

$$16 − 8 = \boxed{}$$

6 2

② 14 − 7

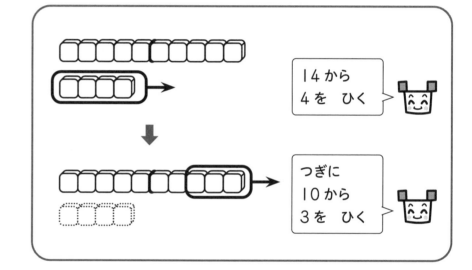

14 から 4を ひく

つぎに 10から 3を ひく

$$14 − 7 = \boxed{}$$

4 3

くりさがりの　ある　ひきざん（19）

● けいさんを　しましょう。

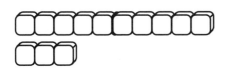

① 13 − 5 = ☐

② 15 − 8 = ☐

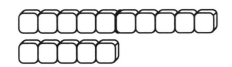

③ 17 − 9 = ☐

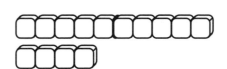

④ 14 − 6 = ☐

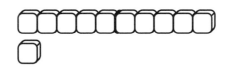

⑤ 11 − 2 = ☐

じぶんが　けいさん
しやすい　しかたで
けいさんしよう。

くりさがりの　ある　ひきざん （20）

がつ	にち	なまえ

● けいさんを　しましょう。

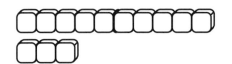

① 13 − 7 = ☐

② 11 − 9 = ☐

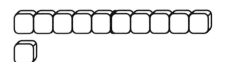

③ 14 − 5 = ☐

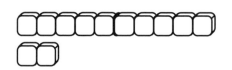

④ 12 − 8 = ☐

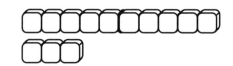

⑤ 13 − 6 = ☐

じぶんが　けいさん
しやすい　しかたで
けいさんしよう。

46

くりさがりの ある ひきざん（21）

ぶんしょうだい

● そうげんに ひつじが 15ひき います。
6ぴき こやに かえりました。
そうげんに いる ひつじは なんびきに
なりましたか。

 はじめに いた
ひつじ　□ ひき

 こやに かえった
ひつじ　□ ぴき

しき
　はじめに いた
　ひつじ
　□ － □ ＝ □
　かえった
　ひつじ　のこりは

こたえ □ ひき

● メロンパンを 14こ うって いました。
8こ うれました。
のこりの メロンパンは なんこですか。

 はじめに あった
メロンパン　□ こ

 うれた
メロンパン　□ こ

しき
　はじめに あった
　メロンパン
　□ － □ ＝ □
　うれた
　メロンパン　のこりは

こたえ □ こ

くりさがりの ある ひきざん (22)

ぶんしょうだい

● ねこが 13びき います。

そのうち おすの ねこは 6ぴきです。

めすの ねこは なんびきですか。

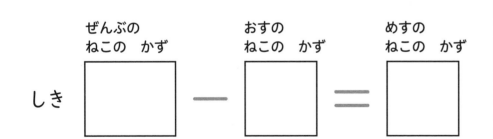

しき

ぜんぶの ねこの かず	おすの ねこの かず	めすの ねこの かず
☐	ー ☐	＝ ☐

こたえ ☐ ひき

● みずうみに はくちょうが 7わ います。

かもが 11わ います。

どちらが なんわ おおいですか。

はくちょう わ   かも わ

おおいのは （ はくちょう ・ かも ）

しき

おおい かず	すくない かず	ちがい
☐	ー ☐	＝ ☐

こたえ ☐ が ☐ わ おおい。

くりさがりの ある ひきざん (23)

たしざんかな
ひきざんかな

● とんぼを 13 びき つかまえました。

9 ひき にげました。

のこりの とんぼは なんびきに

なりましたか。

┌─ えや ずを かいて みよう ─────┐
│   │
│   │
│   │
└────────────────────────────────┘

┌─────────┐
│ どちらかに │ (たしざん ・ ひきざん)
│ ○を つけよう │
└─────────┘

しき

こたえ

● ちゅうしゃじょうに バスが

7 だい とまって います。

あとから 4 だい きました。

バスは ぜんぶで なんだいに なりましたか。

┌─ えや ずを かいて みよう ─────┐
│   │
│   │
│   │
└────────────────────────────────┘

┌─────────┐
│ どちらかに │ (たしざん ・ ひきざん)
│ ○を つけよう │
└─────────┘

しき

こたえ

くりさがりの　ある　ひきざん（24）

たしざんかな
ひきざんかな

がつ	にち	なまえ

● きの　うえに　りすが　5ひき　います。

きの　したに　8ひき　います。

あわせて　りすは　なんびきですか。

えや　ずを　かいて　みよう

どちらかに
〇を　つけよう　（　たしざん　・　ひきざん　）

しき

こたえ

● さえさんは　ギョーザを　5こ　つくりました。

おねえさんは　12こ　つくりました。

おねえさんは　さえさんより　なんこ　おおく
ギョーザを　つくりましたか。

えや　ずを　かいて　みよう

どちらかに
〇を　つけよう　（　たしざん　・　ひきざん　）

しき

こたえ

とけい (1)

● とけいの すうじを かきましょう。

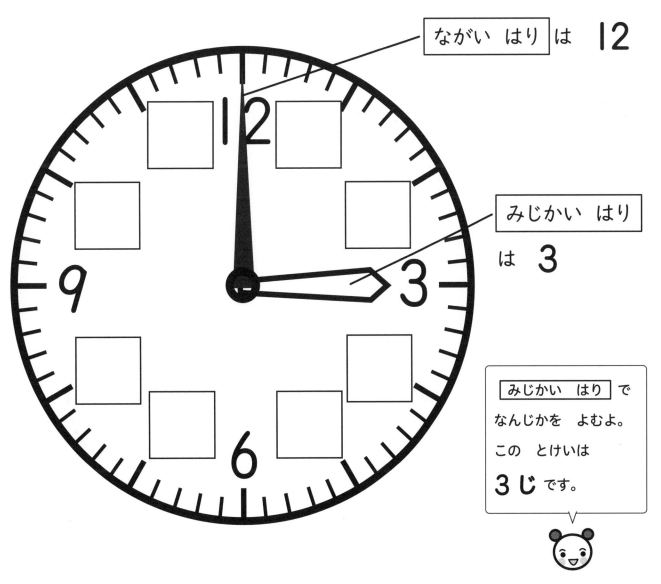

| ながい はり | は **12** |

| みじかい はり |

は **3**

> みじかい はり で
> なんじかを よむよ。
> この とけいは
> **3 じ** です。

■ なんじでしょう。

 じ

 じ

とけい (2)

● とけいを よみましょう。

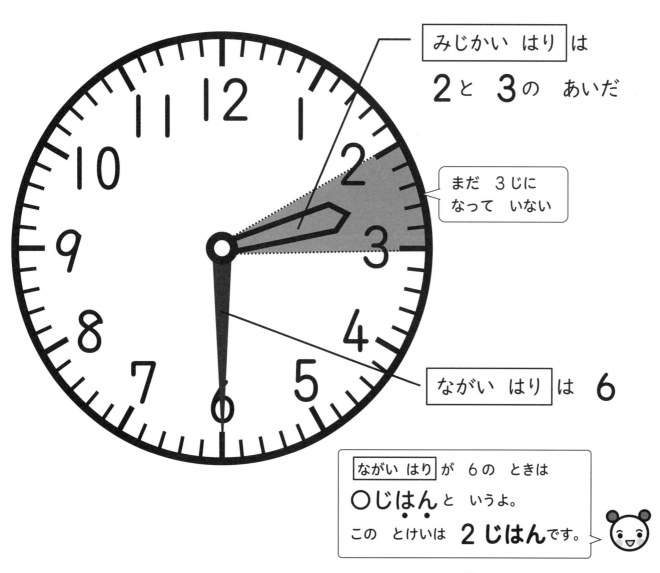

みじかい はり は

2 と **3** の あいだ

まだ 3 じに
なって いない

ながい はり は **6**

ながい はり が 6の ときは

○じはん と いうよ。

この とけいは **2 じはん** です。

■ なんじはんでしょう。

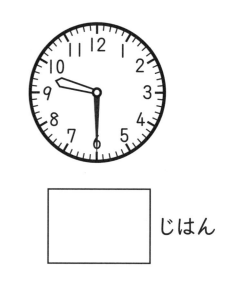

[　　　] じはん

[　　　] じはん

とけい (3)

● とけいを　よみましょう。

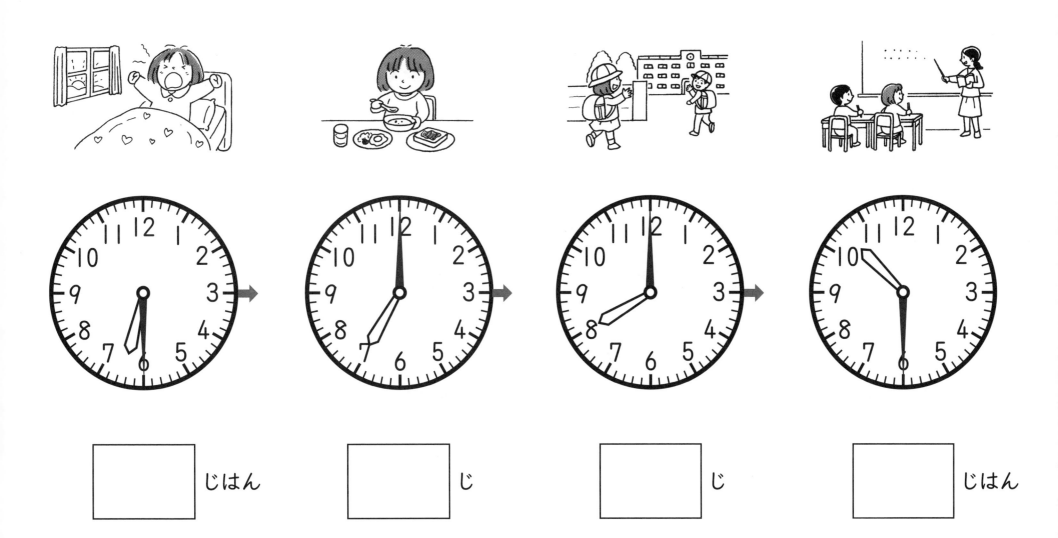

じはん　　　　　　　じ　　　　　　　じ　　　　　　　じはん

とけい (4)

● なんじ　なんぷんでしょう。

① みじかい はり で
　じかんを　よむ。

② ながい はり で
　なんぷんかを　よむ。

ながい はり の
1めもりは
1 ぷんです。

ながい はり

みじかい はり

8と 9の
あいだなので

□ じ

20を　さして　いるので

□ ぷん

この　とけいは

□ じ　□ ぷん

54

とけい (5)

● なんじ　なんぷんでしょう。

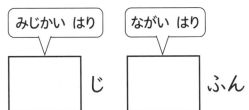

みじかい はり　□　じ　　ながい はり　□　ふん

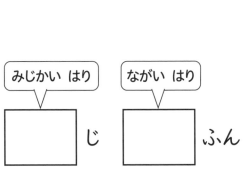

みじかい はり　□　じ　　ながい はり　□　ふん

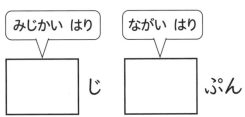

みじかい はり　□　じ　　ながい はり　□　ぷん

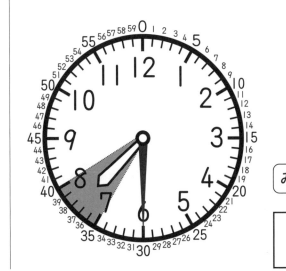

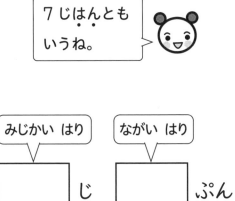

7じはんとも
いうね。

みじかい はり　□　じ　　ながい はり　□　ぷん

とけい (6)

		なまえ
がつ	にち	

● なんじ　なんぷんでしょう。

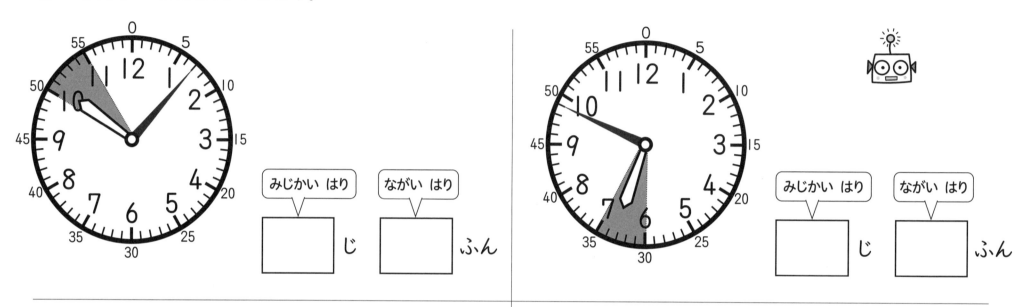

みじかい はり ☐ じ　　ながい はり ☐ ふん

みじかい はり ☐ じ　　ながい はり ☐ ふん

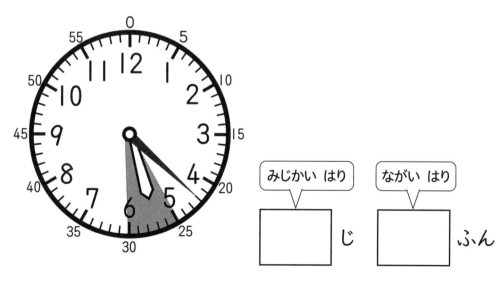

みじかい はり ☐ じ　　ながい はり ☐ ふん

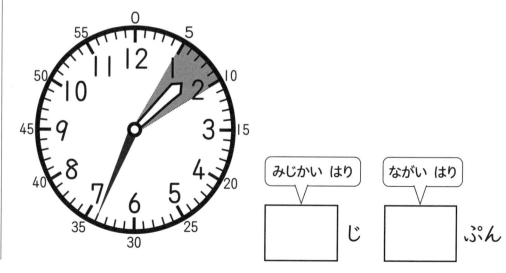

みじかい はり ☐ じ　　ながい はり ☐ ぷん

56

おおきさくらべ (1)   ながさくらべ

● ながい　ほうに　○を　つけましょう。

① えんぴつ

（　　）

（　　）

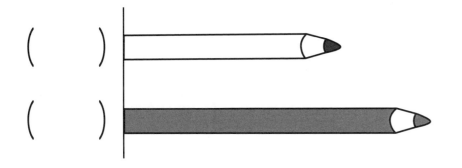

② なわとび

（　　）

（　　）

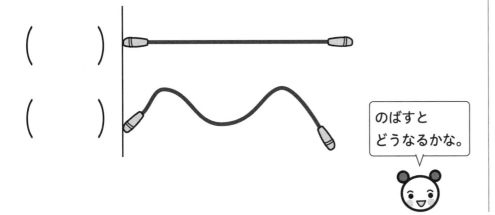

のばすと
どうなるかな。

● たかい　ほうに　○を　つけましょう。

① き

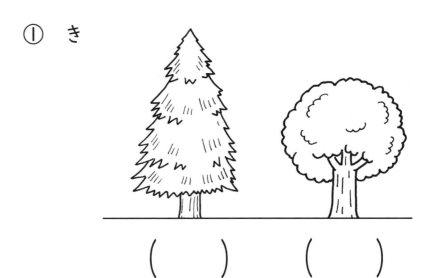

（　　）　　（　　）

② いえ

（　　）　　（　　）

おおきさくらべ (2)　　ながさくらべ

● ながい　ほうに　○を　つけましょう。

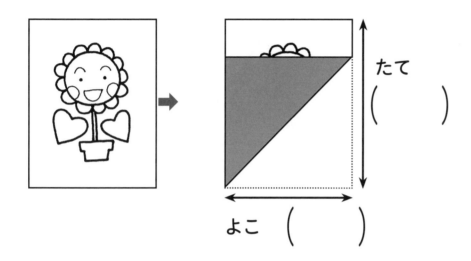

たて　（　　　）

よこ　（　　　）

■ ながい　じゅんに　（　）に　I, 2, 3を
かきましょう。

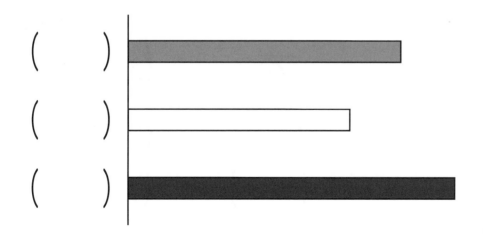

（　　）

（　　）

（　　）

● ながさを　くらべましょう。

あ

い

あ は 🔲 が 🔲 こ

い は 🔲 が 🔲 こ

ながいのは　（　　あ　・　い　　）

○を　つけよう

58

おおきさくらべ (3)　　ながさくらべ

● ながい　ほうに　○を　つけましょう。

①

（　　）

（　　）

②

（　　）

（　　）

● ながさを　くらべましょう。

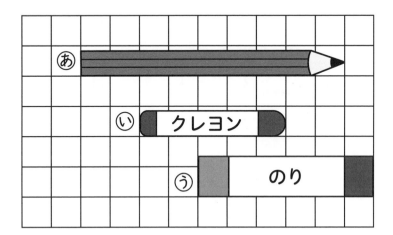

あ　えんぴつ　　　ます　[　　]　こぶん

い　クレヨン　　　ます　[　　]　こぶん

う　のり　　　　　ます　[　　]　こぶん

ながい　じゅんに　かきましょう。

59

おおきさくらべ (4)　　かさくらべ

● おおい　ほうに　○を　つけましょう。

①

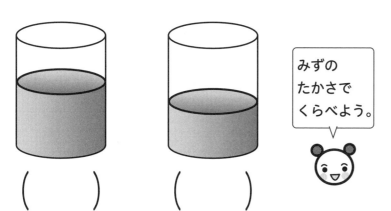

みずの
たかさで
くらべよう。

（　　　）　　（　　　）

②

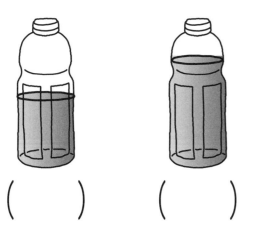

（　　　）　　（　　　）

● おおい　ほうに　○を　つけましょう。

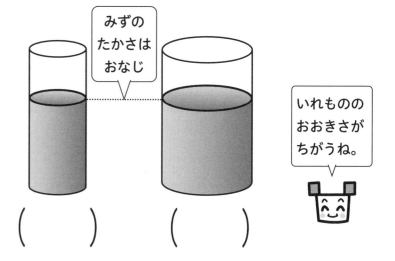

みずの
たかさは
おなじ

いれものの
おおきさが
ちがうね。

（　　　）　　（　　　）

■ おおい　じゅんに　（　）に　1, 2, 3を
かきましょう。

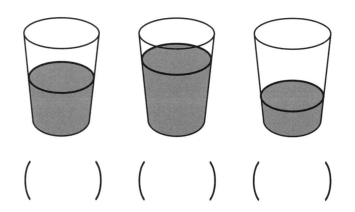

（　　　）（　　　）（　　　）

60

おおきさくらべ (5)　　かさくらべ

● おおい　ほうに　○を　つけましょう。

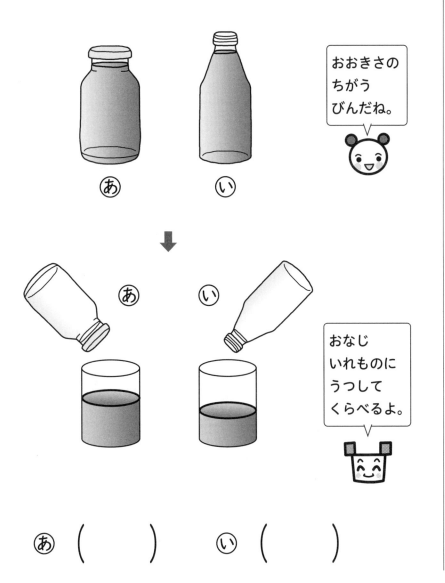

おおきさの
ちがう
びんだね。

おなじ
いれものに
うつして
くらべるよ。

あ （　　　）　　い （　　　）

● おおい　ほうに　○を　つけましょう。

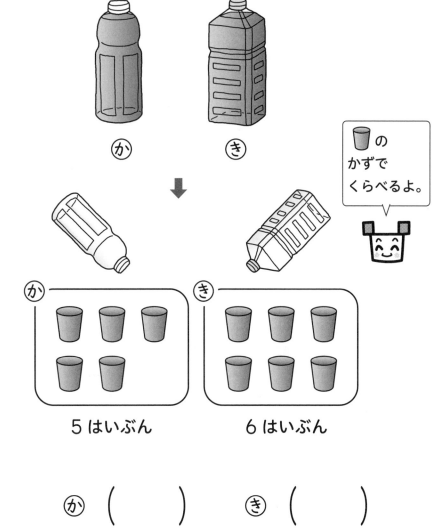

の
かずで
くらべるよ。

か　５はいぶん　　き　６はいぶん

か （　　　）　　き （　　　）

61

おおきさくらべ (6)　　かさくらべ

● はいる　みずが　おおい　ほうに　○を
つけましょう。

①

(　)

(　)

②

(　)

(　)

● どちらの　はこが　おおきいですか。
おおきい　ほうに　○を　つけましょう。

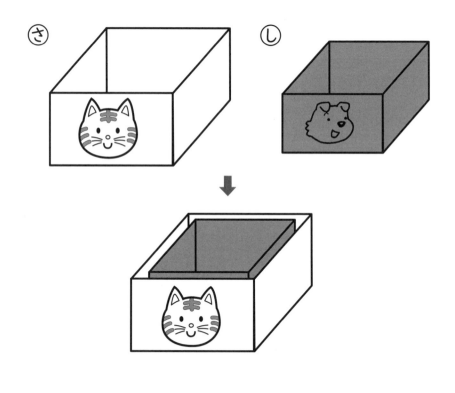

さ (　　)　　し (　　)

62

おおきさくらべ (7)　　ひろさくらべ

● ひろい　ほうに　○を　つけましょう。

はしを
あわせて
くらべるよ。

あ（　　　）　　い（　　　）

● ひろい　ほうに　○を　つけましょう。

①

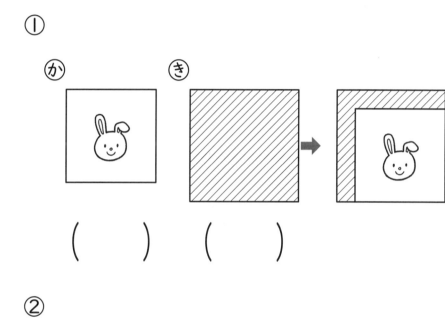

か　　　　　き

（　　　）　　（　　　）

②

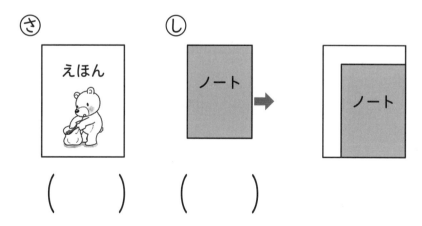

さ　　　　　し

（　　　）　　（　　　）

おおきさくらべ (8)　　ひろさくらべ

● ひろい　ほうに　○を　つけましょう。

えはがき 🌼 の　かずで　くらべよう。

あ

（　　）

🌼 が

8 まい

い

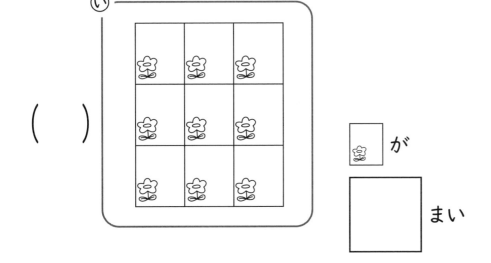

（　　）

🌼 が

まい

● ふたりで　じんとりゲームを　しました。
どちらの　じんちの　ほうが　ひろいですか。

さくらさん　▨　　　こ

そうたさん　□　　　こ

の　ほうが　ひろい。

64

かたち（1）

		なまえ
がつ	にち	

● どの かたちでしょう。

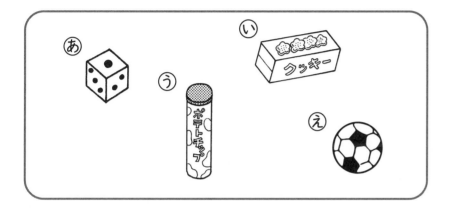

① よく ころがる かたちを 2つ
えらびましょう。

☐ と ☐

② うえに つむことが できる かたちを
3つ えらびましょう。

☐ と ☐ と ☐

● おなじ なかまの かたちを せんで
むすびましょう。

・　　　　　　　・　　　　　　　・

・　　　　　　　・　　　　　　　・

 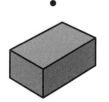

かたち（2）

かたちあそび

● かたちを　かみに　うつしました。どんな　かたちに　なりますか。
せんで　むすびましょう。

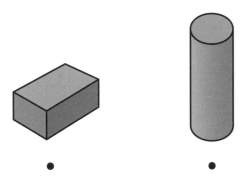

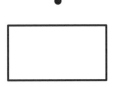

かたちを　かみに
うつして
でんしゃを
かきました。

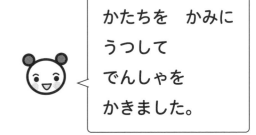

● つかった　かたちに
○を　つけよう。

かたち（3）　　　かたちづくり

		なまえ
がつ	にち	

● したの　①から　④の　かたちは，　あの　かたちを　なんまい　つかうと　できますか。

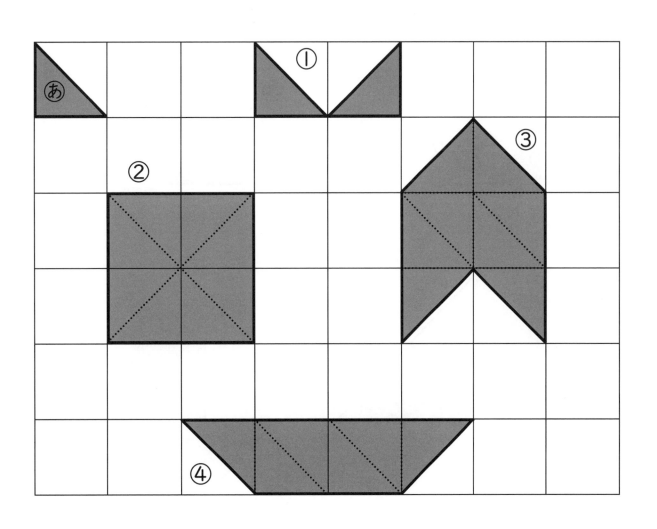

①  ２まい

② 　　まい

③ 　　まい

④ 　　まい

かたち（4）

● ⑧の　かたちを　ならべて　したの　かたちを　つくりました。
　ならべかたが　わかるように　つづきの　せんを　ひきましょう。

① ⑧を　6まい　　　② ⑧を　8まい　　　③ ⑧を　9まい

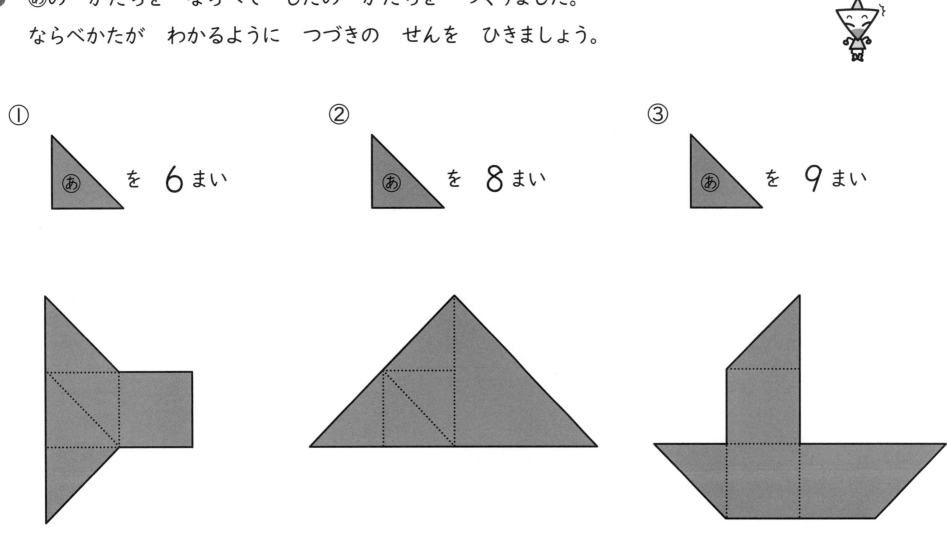

かたち（5）　　　かたちづくり

● おなじ　かたちを　みぎに　かきましょう。

①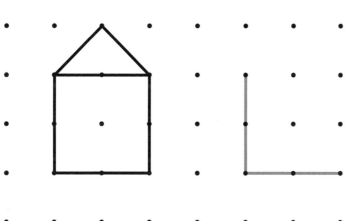

②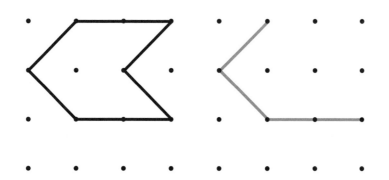

● ・と　・を　せんで　つないで
　いろいろな　かたちを　かきましょう。

69

おおきい　かず（1）　　40までの　かず

● どんぐりは　なんこですか。

10ずつ　○で　かこもう。

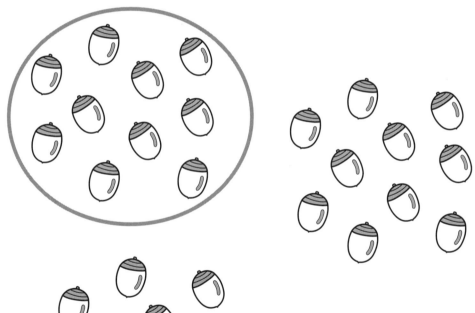

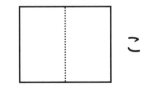
こ

10が □ こで

さんじゅう

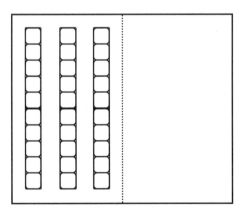

十のくらい	一のくらい
3	0

70

おおきい　かず（2）　　40までの　かず

● りすは　なんびきですか。

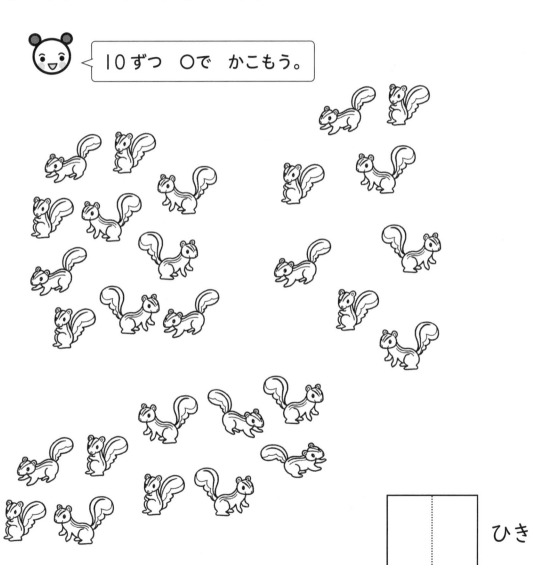

10ずつ　〇で　かこもう。

10が □ こで　20

1が □ こで　8

20と　8で　にじゅうはち

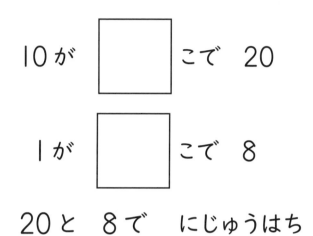

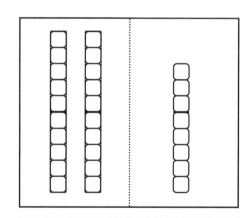

十のくらい	一のくらい
2	8

□ ひき

おおきい　かず（3）　　40までの　かず

		なまえ
がつ	にち	

● かきは　なんこですか。

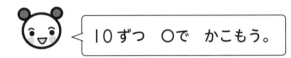

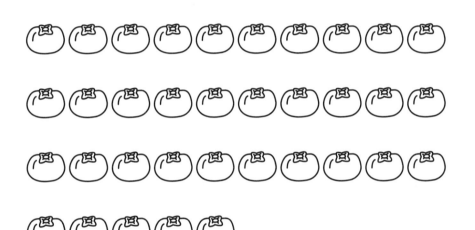

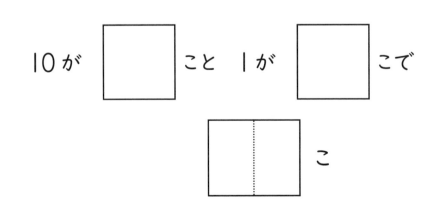

10が □ こと　1が □ こで

□ こ

● クレヨンは　なんぼんですか。

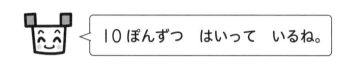

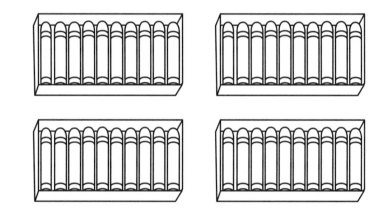

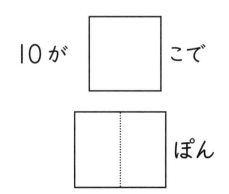

10が □ こで

□ ぽん

がつ	にち	なまえ

● かずを　かきましょう。

①

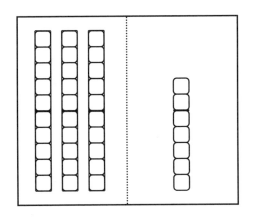

10が □ こ　　1が □ こ

さんじゅうしち

②

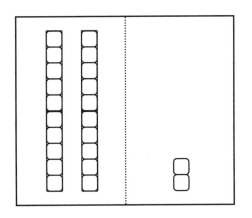

10が □ こ　　1が □ こ

にじゅうに

③

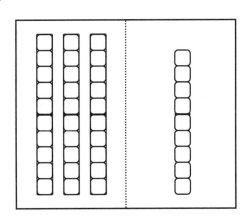

10が □ こ　　1が □ こ

さんじゅうく

おおきい　かず（5）　　40までの　かず

● □に　かずを　じゅんばんに　かきましょう。

スタート

1	2	3							10
11	12				16	17			20
21	22	23					28	29	30
31			35	36					40

ゴール

おおきい　かず（6）　　100までの　かず

● バナナは　なんぼんですか。

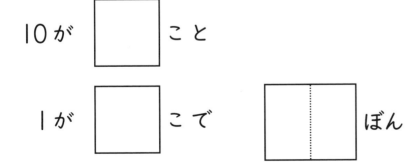

10が　　　□　　こと

1が　　　□　　こで　　　□　　ぼん

● たまごは　なんこですか。

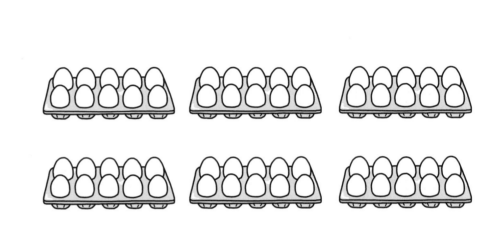
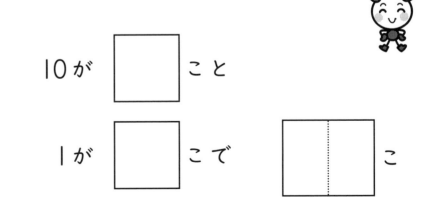

10が　　　□　　こと

1が　　　□　　こで　　　□　　こ

75

おおきい かず (7)　　100までの かず

● クッキーは　なんまいですか。

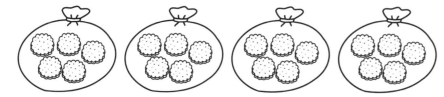

10が  こで  まい

● いろがみは　なんまいですか。

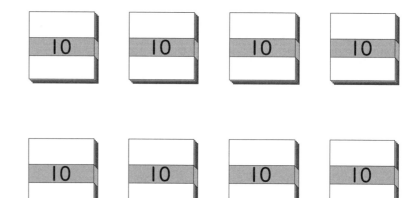

10が □ こと

1が □ こで □ まい

76

おおきい　かず（8）　　100までの　かず

● かずを　かきましょう。

①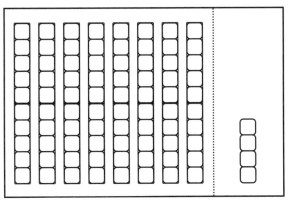

10が ☐ こ　　　1が ☐ こ

はちじゅうし

②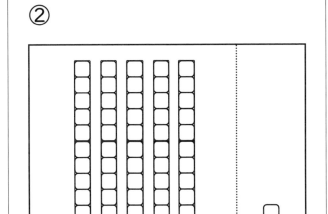

10が ☐ こ　　　1が ☐ こ

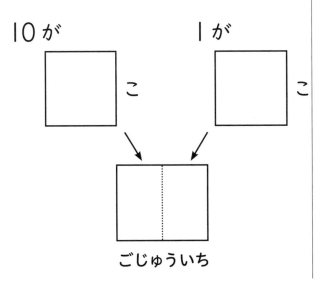

ごじゅういち

③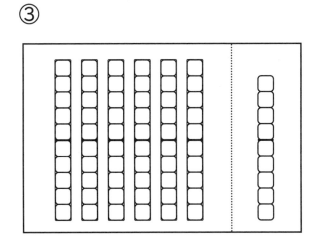

10が ☐ こ　　　1が ☐ こ

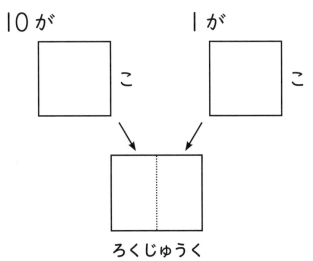

ろくじゅうく

77

おおきい かず (9)　　100までの かず

● ☐ に かずを かきましょう。

① 10が 2こで 20

1が 6こで 6

20 と 6 で ☐

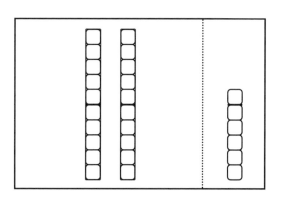

② 10が 7こで ☐

1が 4こで ☐

☐ と ☐ で ☐

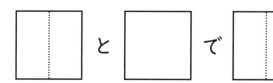

③ 10が 5こで ☐

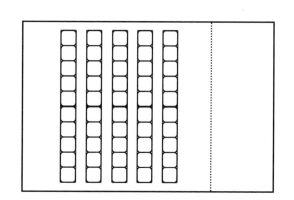

78

おおきい　かず（10）　100までの　かず

● □に　かずを　かきましょう。

① 10が　4こと　1が　7こで

十のくらい	一のくらい
4	7

くらいの
へやに
いれてみよう。

② 10が　8こで

十のくらい	一のくらい

③ 65は, 10が ☐ こと　1が ☐ こ

十のくらい	一のくらい

④ 90は, 10が ☐ こ

十のくらい	一のくらい

79

おおきい　かず（11）　100までの　かず

● ☐に　かずを　かきましょう。

① 十のくらいが　7，一のくらいが　2の

かずは ☐

十のくらい	一のくらい
7	2

くらいの
へやに
いれてみよう。

② 十のくらいが　5，一のくらいが　0の

かずは ☐

十のくらい	一のくらい

③ 86の　十のくらいの　すうじは ☐，

一のくらいの　すうじは ☐

十のくらい	一のくらい

おおきい　かず（12）　100までの　かず

● かずを　かきましょう。

①
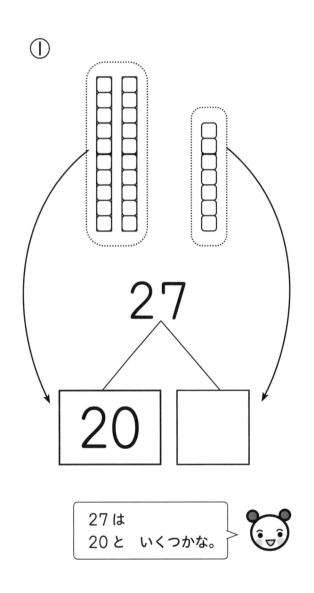

27は
20と　いくつかな。

②
54

50　□

③
79

70　□

④
42

□　2

⑤
86

□　6

おおきい　かず（13）　100と　いう　かず

<table>
<tr><td></td><td></td><td>なまえ</td></tr>
<tr><td>がつ</td><td>にち</td><td></td></tr>
</table>

● 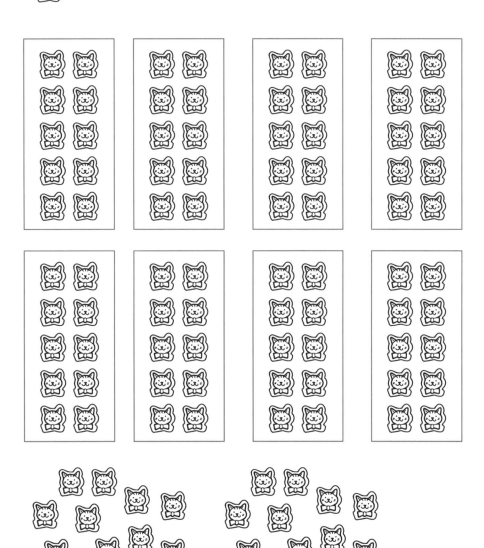 の　シールは　ぜんぶで　なんこですか。

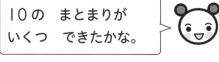

10の　まとまりが　いくつ　できたかな。

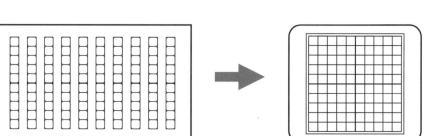

10が　10こで　百と　いいます。

百は　100と　かきます。

100は，99より　　　おおきい

かずです。

おおきい　かず（14）　　100と　いう　かず

● たまごは　なんこですか。

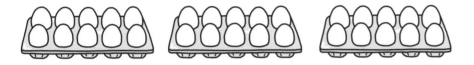

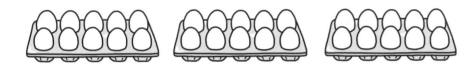

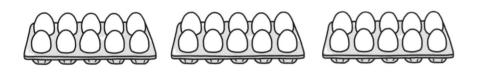

		こ

● □に　かずを　じゅんばんに　かきましょう。

スタート

81	82	83	84	85
86	87			90
91	92			95
96	97			

ゴール

おおきい　かず（15）　100までの　かず

がつ	にち	なまえ

● 　かずのせん　を　みて，あ〜かの　かずを　□に　かきましょう。

①

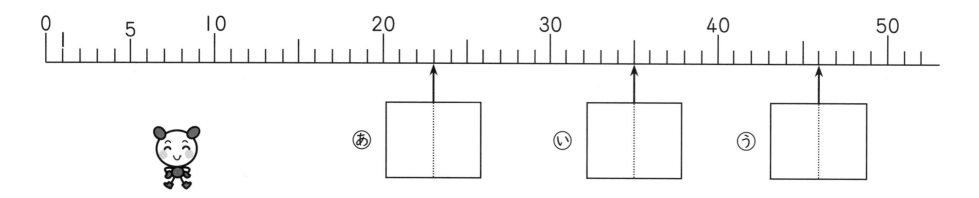

②

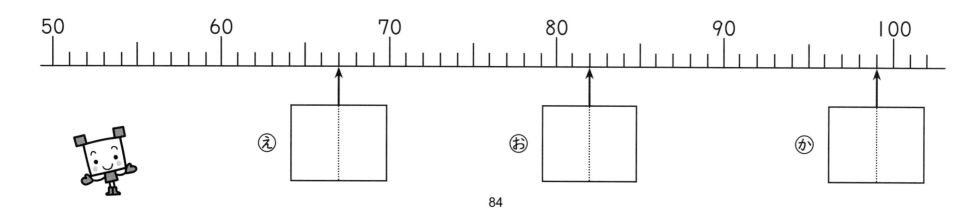

84

		なまえ
がつ	にち	

40　　　　50　　　　60　　　　70　　　　80　　　　90　　　　100

 みぎに　すすむほど　かずが　おおきく　なるね。

かずのせん で たしかめよう。

● かずの　おおきい　ほうに　○を　つけましょう。

① 77 と 73

② 42 と 52

③ 68 と 86

④ 100 と 99

⑤ 89 と 93

85

おおきい かず （17）　100までの かず

● ⬜ に かずを かきましょう。

① 　46　47　⬜　49　⬜　51
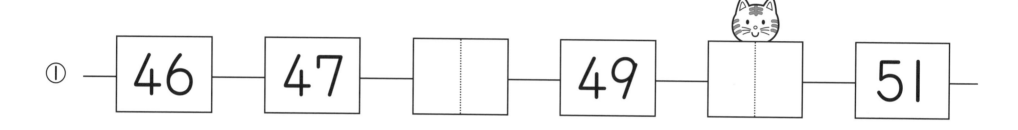

② 　72　⬜　74　75　⬜　⬜
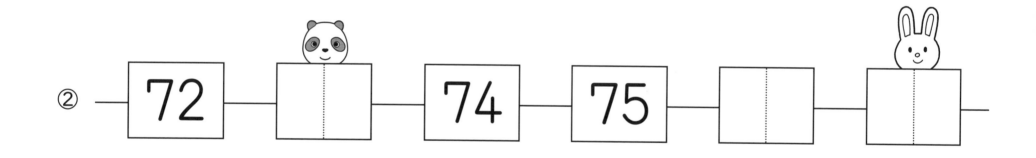

③ 　98　99　⬜
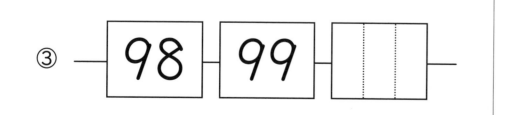

④ 　59　⬜　61
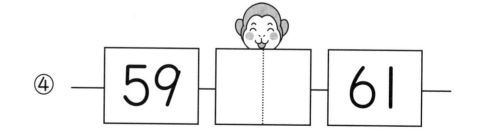

おおきい　かず（18）　100より　おおきい　かず

● えんぴつは　なんぼんですか。

①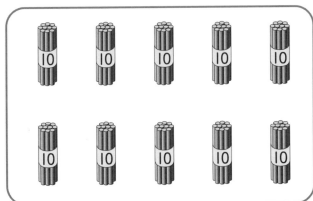

10が
10こで
100だね。

100が [1]こ　10が [　]こ　1が [　]こ

ひゃくにじゅうご  ほん

②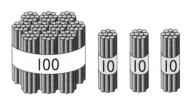

100が [　]こ

10が [　]こ

ひゃくさんじゅう [　|　|　] ぽん

③

100が [　]こ

1が [　]こ

ひゃくに [　|　|　] ほん

87

おおきい　かず（19）　100より　おおきい　かず

		なまえ
がつ	にち	

● ┃かずのせん┃を　みて，ⓐ，ⓘ，ⓤの　かずを　☐に　かきましょう。

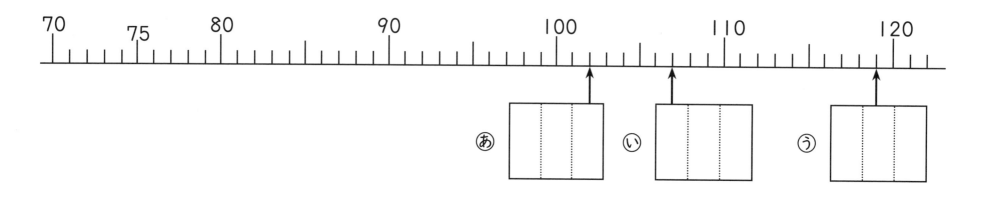

■　☐に　かずを　かきましょう。

① ― 97 ― 98 ― ☐ ― ☐ ― ☐ ― 102 ―

② ― 115 ― ☐ ― 117 ― 118 ― ☐ ― ☐ ―

おおきい　かず（20）　たしざん

● けいさんを　しましょう。

① 40 + 20 = ☐

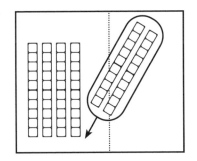

② 23 + 4 = ☐

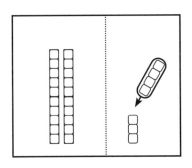

③ 50 + 30 = ☐

④ 40 + 60 = ☐

⑤ 80 + 6 = ☐

⑥ 32 + 5 = ☐

おおきい　かず （21）　ひきざん

● けいさんを　しましょう。

① $50 - 30 =$ 　☐

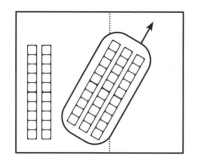

② $28 - 5 =$ 　☐

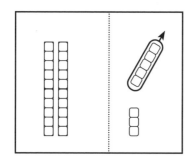

③ $80 - 60 =$ 　☐

④ $100 - 20 =$ 　☐

⑤ $67 - 7 =$ 　☐

⑥ $75 - 3 =$ 　☐

どんな しきに なるかな （1）

● みくさんは まえから 3ばんめに います。

みくさんの うしろに 4にん います。

みんなで なんにん いますか。

みく

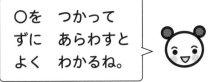

○を つかって
ずに あらわすと
よく わかるね。

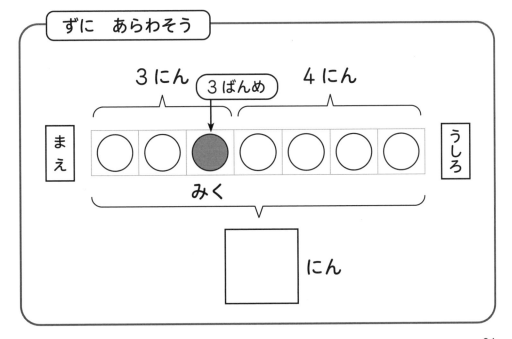

ずに あらわそう

3にん　3ばんめ　4にん

まえ　○○●○○○○　うしろ

みく

□ にん

しき

$3 + 4 = \boxed{}$

こたえ □ にん

どんな しきに なるかな (2)

● ゆうさんは まえから 4ばんめに います。
　ゆうさんの うしろに 5にん います。
　みんなで なんにん いますか。

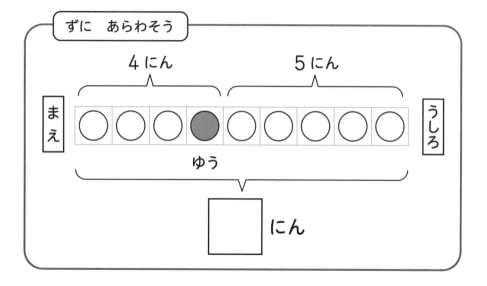

しき ☐ ＋ ☐ ＝ ☐

こたえ ☐ にん

● かいとさんは まえから 6ばんめに います。
　かいとさんの うしろに 3にん います。
　みんなで なんにん いますか。

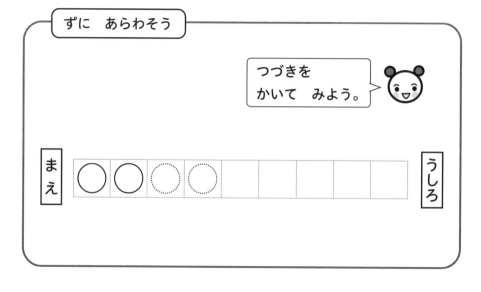

しき ☐ ＋ ☐ ＝ ☐

こたえ ☐ にん

どんな しきに なるかな (3)

		なまえ
がつ	にち	

● 8にん ならんで います。

さきさんは まえから 5ばんめに います。

さきさんの うしろには なんにん いますか。

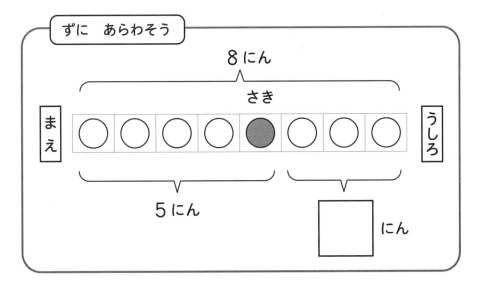

しき □ ― □ ＝ □

こたえ □ にん

● 10にん ならんで います。

なぎさんは まえから 3ばんめに います。

なぎさんの うしろには なんにん いますか。

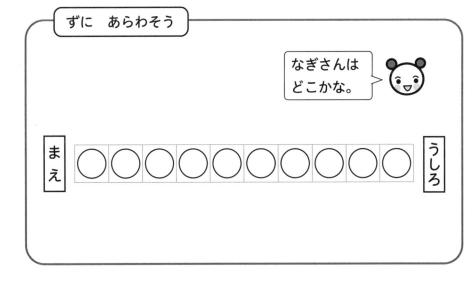

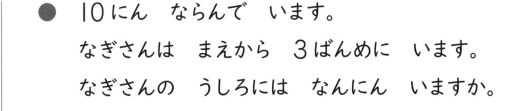

しき □ ― □ ＝ □

こたえ □ にん

どんな しきに なるかな (4)

● バスていに ひとが ならんで います。
  せなさんの まえに 3にん います。
  せなさんの うしろに 4にん います。
  ぜんぶで なんにん ならんで いますか。

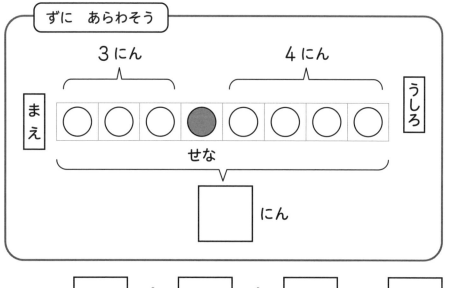

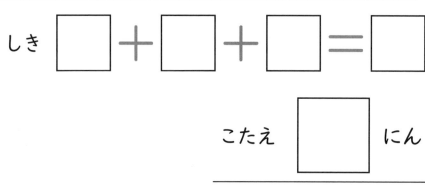

しき 　□ ＋ □ ＋ □ ＝ □

こたえ □ にん

● おみせの まえに ひとが ならんで います。
  まみさんの まえに 5にん います。
  まみさんの うしろに 3にん います。
  ぜんぶで なんにん ならんで いますか。

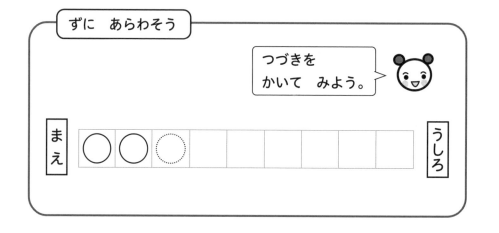

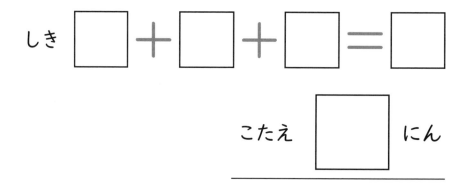

しき 　□ ＋ □ ＋ □ ＝ □

こたえ □ にん

どんな しきに なるかな (5)

● 7にんが 1こずつ ケーキを たべます。

ケーキ(けえき)は あと 3こ あります。

ケーキ(けえき)は, ぜんぶで なんこ ありますか。

ひとと ケーキを
せんで つなぐと
わかるよ。

しき

$7 + 3 = \boxed{}$

ずに あらわそう

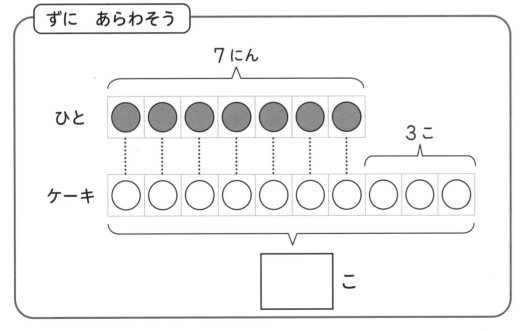

7にん

ひと

ケーキ

3こ

□ こ

こたえ  こ

どんな しきに なるかな (6)

● えんぴつが 8ぽん あります。

6にんの こどもに 1ぽんずつ わたします。

えんぴつは なんぼん のこりますか。

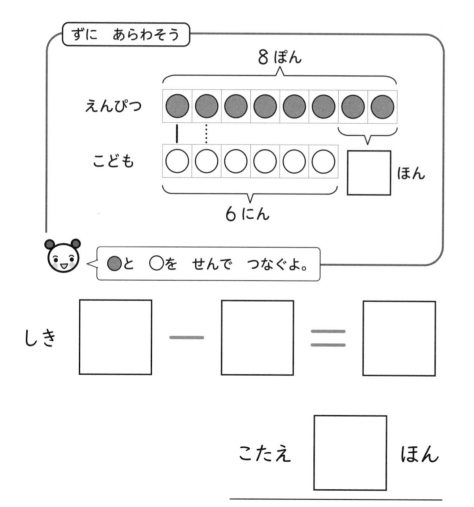

しき □ － □ ＝ □

こたえ □ ほん

● 5にんが 1さつずつ ほんを かります。

ほんは あと 4さつ あります。

ほんは, ぜんぶで なんさつ ありますか。

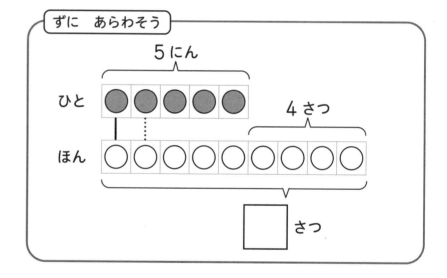

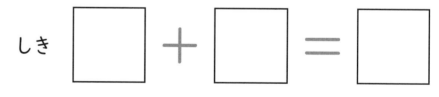

しき □ ＋ □ ＝ □

こたえ □ さつ

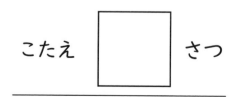

どんな しきに なるかな (7)

● えを みて，あてはまる ほうに ○を しましょう。

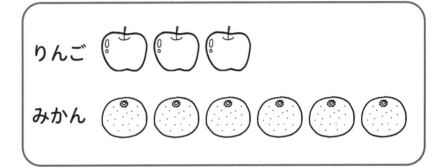

① ねこは いぬより 2ひき

（ おおい ・ すくない ）

> どちらかに ○を しよう

② いぬは ねこより 2ひき

（ おおい ・ すくない ）

③ りんごは みかんより 3こ

（ おおい ・ すくない ）

> どちらかに ○を しよう

④ みかんは りんごより 3こ

（ おおい ・ すくない ）

どんな しきに なるかな (8)

● どうぶつえんに ライオンが 5とう います。

シマウマは ライオンより 3とう おおいそうです。

シマウマは なんとう いますか。

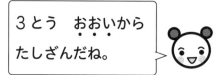

3とう おおいから
たしざんだね。

ずに あらわそう

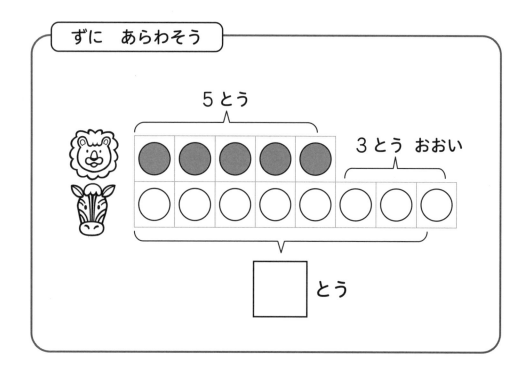

しき

$$5 + 3 = \boxed{}$$

こたえ $\boxed{}$ とう

どんな しきに なるかな (9)

がつ	にち	なまえ

● ゆうとさんは さかなを 7ひき つりました。
おにいさんは ゆうとさんより 3びき おおく
つりました。
おにいさんは さかなを なんびき つりましたか。

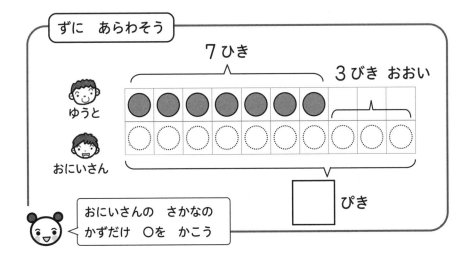

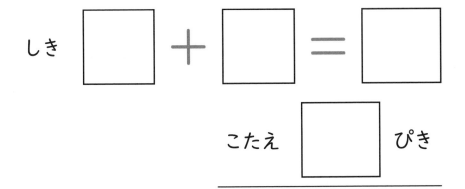

しき ☐ ＋ ☐ ＝ ☐

こたえ ☐ ぴき

● ゆずさんは 1かげつで 4さつ ほんを
よみました。さくらさんは ゆずさんより 2さつ
おおく よみました。
さくらさんは なんさつ ほんを よみましたか。

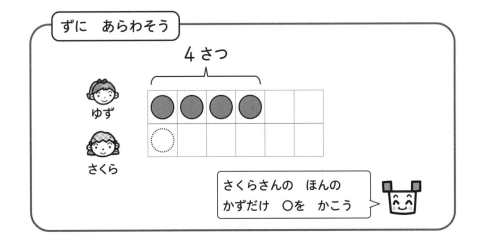

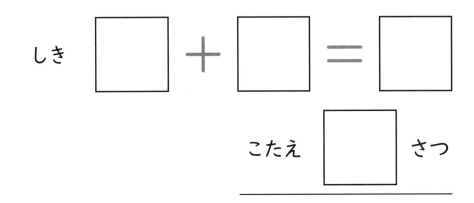

しき ☐ ＋ ☐ ＝ ☐

こたえ ☐ さつ

どんな しきに なるかな (10)

● りんごの ジュースが 8ぽん あります。

ぶどうの ジュースは, りんごの ジュースより

3ぼん すくないそうです。

ぶどうの ジュースは なんぼん ありますか。

> 3ぼん すくないから
> ひきざんだね。

ずに あらわそう

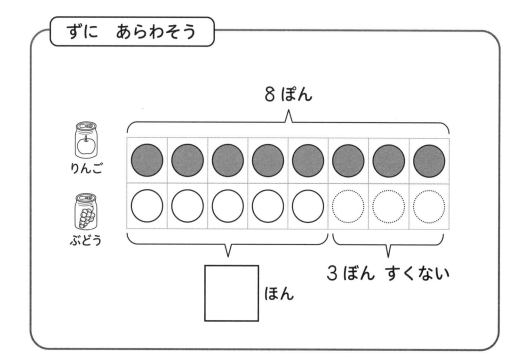

8ぽん

りんご

ぶどう

ほん

3ぼん すくない

しき

8 − 3 = ☐

こたえ ☐ ほん

100

どんな しきに なるかな (11)

● だいきさんは なわとびを つづけて 12かい とびました。

　おとうとは だいきさんより 2かい すくなく とびました。おとうとは なんかい とびましたか。

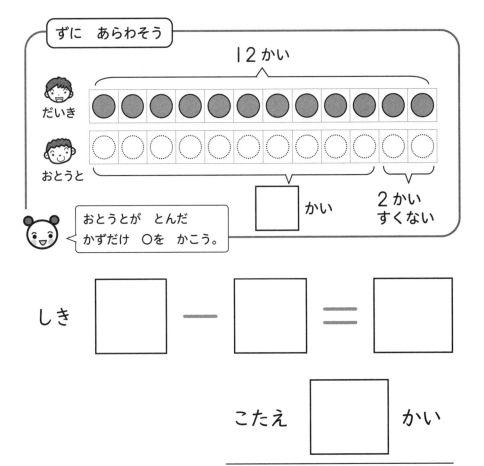

しき ☐ ー ☐ ＝ ☐

こたえ ☐ かい

● あおいさんは 10さいです。

　いもうとは あおいさんより 5さい としたです。

　いもうとは なんさいですか。

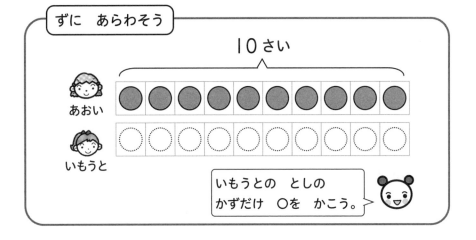
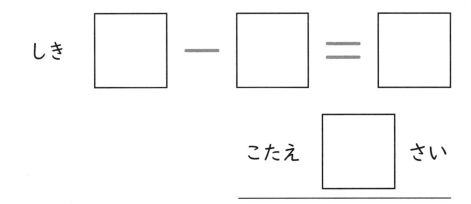

しき ☐ ー ☐ ＝ ☐

こたえ ☐ さい

P.4

3つの かずの けいさん (1)

		なまえ
がつ	にち	

● とりは なんわに なりますか。しきを かきましょう。

 4わ いました。

 4

> おはなしの とおりに たしざんを して いくよ。

 3わ きました。

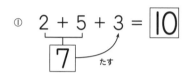 4 + 3

 2わ きました。

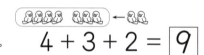 4 + 3 + 2 = $\boxed{9}$

4

P.5

3つの かずの けいさん (2)

		なまえ
がつ	にち	

● けいさんを しましょう。

🐼 まえから じゅんに けいさんしよう。

① 2 + 5 + 3 = $\boxed{10}$
$\boxed{7}$ たす

② 3 + 1 + 4 = $\boxed{8}$
$\boxed{4}$ たす

③ 6 + 4 + 5 = $\boxed{15}$
$\boxed{10}$

④ 3 + 4 + 2 = $\boxed{9}$
$\boxed{7}$

⑤ 1 + 6 + 3 = $\boxed{10}$
$\boxed{7}$

5

P.6

3つの かずの けいさん (3)

		なまえ
がつ	にち	

● バナナは なんぼん のこって いますか。しきを かきましょう。

 7ほん あります。

 7

 2ほん たべました。

7 − 2

 3ぼん たべました。

 7 − 2 − 3 = $\boxed{2}$

6

P.7

3つの かずの けいさん (4)

		なまえ
がつ	にち	

● けいさんを しましょう。

🐼 まえから じゅんに けいさんしよう。

① 8 − 4 − 2 = $\boxed{2}$
$\boxed{4}$ ひく

② 6 − 1 − 4 = $\boxed{1}$
$\boxed{5}$ ひく

③ 10 − 2 − 5 = $\boxed{3}$
$\boxed{8}$

④ 9 − 3 − 4 = $\boxed{2}$
$\boxed{6}$

⑤ 12 − 2 − 7 = $\boxed{3}$
$\boxed{10}$

7

P.8

３つの かずの けいさん (5)

		なまえ
がつ	にち	

● たまごは なんこに なりますか。しきを かきましょう。

5こ
あります。

5

3こ
つかいました。

5−3

6こ
かって きました。

5−3＋6＝ 8

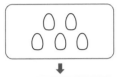

ひきざんと
たしざんが
まじった
けいさんだね。

P.9

３つの かずの けいさん (6)

		なまえ
がつ	にち	

● けいさんを しましょう。

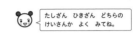

たしざん ひきざん どちらの
けいさんか よく みてね。

① 4 ＋ 5 − 7 ＝ 2
たす　　9　　ひく

② 10 − 8 ＋ 4 ＝ 6
ひく　　2　　たす

③ 3 ＋ 7 − 2 ＝ 8
10

④ 9 − 3 ＋ 1 ＝ 7
6

⑤ 6 ＋ 2 − 5 ＝ 3
8

P.10

３つの かずの けいさん (7)

		なまえ
がつ	にち	

● いちごが 10こ あります。
あさ，3こ たべました。
おやつに 5こ たべました。
いちごは なんこ のこって いますか。

えや ずを かいて みよう →

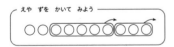

しき ＋か −を かこう

10 − 3 − 5 ＝ 2

こたえ 2 こ

● えんぴつが 6ぽん あります。
4ほん かって もらいました。
いもうとに 3ぼん あげました。
えんぴつは なんぼんに なりましたか。

えや ずを かいて みよう

略

しき ＋か −を かこう

6 ＋ 4 − 3 ＝ 7

こたえ 7 ほん

P.11

くりあがりの ある
たしざん (1) じゅんび

		なまえ
がつ	にち	

● 10は いくつと いくつですか。

①
10
2 8

②
10
5 5

③
10
7 3

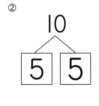

④
10
4 6

⑤
10
1 9

P.12

くりあがりの ある たしざん (2)　じゅんび

がつ	にち	なまえ

● あと いくつで 10に なりますか。

① 7と 3 で 10　口に ●を かいて かんがえよう。

④ 1と 9 で 10

② 5と 5 で 10

⑤ 3と 7 で 10

③ 2と 8 で 10

⑥ 6と 4 で 10

12

P.13

くりあがりの ある たしざん (3)　9+○の けいさん

がつ	にち	なまえ

● たまごが 9こ あります。
4こ かって きました。
ぜんぶで なんこに なりましたか。

 ← ○○○○

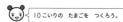 10こいりの たまごを つくろう。

のこり
1こ　3こ

しき
9 + 4 = 13　10と 3で
10　1　3　こたえ 13 こ

● 9+3の こたえを 10を つくって かんがえましょう。

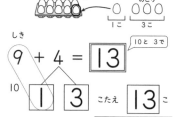
9 + 3 = 12
10　1　2

13

P.14

くりあがりの ある たしざん (4)　9+○の けいさん

がつ	にち	なまえ

● 10を つくって けいさんしましょう。

① 9 + 5 = 14
10　1　4

③ 9 + 2 = 11
1　1

② 9 + 8 = 17
1　7

④ 9 + 6 = 15
1　5

14

P.15

くりあがりの ある たしざん (5)　8+○の けいさん

がつ	にち	なまえ

● たまごが 8こ あります。
6こ かって きました。
ぜんぶで なんこに なりましたか。

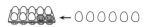 ← ○○○○○○

 10こいりの たまごを つくろう。

のこり
2こ　4こ

しき
8 + 6 = 14　10と 4で
10　2　4　こたえ 14 こ

● 8+4の こたえを 10を つくって かんがえましょう。

8 + 4 = 12
10　2　2

15

P.16

くりあがりの ある たしざん（6）　8 ＋○の けいさん

		なまえ
がつ	にち	

● 10を つくって けいさんしましょう。

① 8 ＋ 3 ＝ ☐11☐
　10 ② 1

③ 8 ＋ 5 ＝ ☐13☐
　2 3

② 8 ＋ 8 ＝ ☐16☐
　2 6

④ 8 ＋ 9 ＝ ☐17☐
　2 7

P.17

くりあがりの ある たしざん（7）　7 ＋○の けいさん

		なまえ
がつ	にち	

● たまごが 7こ あります。
　5こ かって きました。
　ぜんぶで なんこに なりましたか。

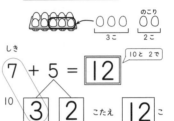

10こいりの たまごを つくろう。

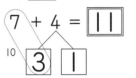
　3こ　　のこり 2こ

しき
7 ＋ 5 ＝ ☐12☐　10と 2で
　10 3 2　こたえ ☐12☐こ

● 7＋4の こたえを 10を つくって かんがえましょう。

7 ＋ 4 ＝ ☐11☐
　10 3 1

P.18

くりあがりの ある たしざん（8）　6 ＋○, 5 ＋○の けいさん

		なまえ
がつ	にち	

● 10を つくって けいさんしましょう。

① 6 ＋ 5 ＝ ☐11☐
　10 4 1

③ 5 ＋ 7 ＝ ☐12☐
　10 5 2

② 6 ＋ 7 ＝ ☐13☐
　4 3

④ 5 ＋ 6 ＝ ☐11☐
　5 1

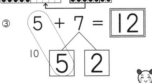

P.19

くりあがりの ある たしざん（9）　4 ＋○, 3 ＋○, 2 ＋○の けいさん

		なまえ
がつ	にち	

● 10を つくって けいさんしましょう。

① 4 ＋ 7 ＝ ☐11☐
　10 6 1

③ 3 ＋ 8 ＝ ☐11☐
　10 7 1

② 4 ＋ 9 ＝ ☐13☐
　6 3

④ 2 ＋ 9 ＝ ☐11☐
　10 8 1

P.20

くりあがりの ある たしざん（10）

		なまえ
がつ	にち	

● けいさんを しましょう。

① $9 + 6 = \boxed{15}$　10　$\boxed{1}$ $\boxed{5}$

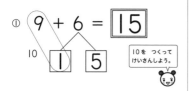　10を つくって けいさんしよう。

② $7 + 5 = \boxed{12}$　10　$\boxed{3}$ $\boxed{2}$

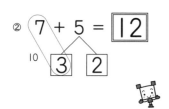

③ $6 + 5 = \boxed{11}$　$\boxed{4}$ $\boxed{1}$

④ $9 + 4 = \boxed{13}$　$\boxed{1}$ $\boxed{3}$

⑤ $8 + 7 = \boxed{15}$　$\boxed{2}$ $\boxed{5}$

20

P.21

くりあがりの ある たしざん（11）

		なまえ
がつ	にち	

● けいさんを しましょう。

① $8 + 5 = \boxed{13}$　10　$\boxed{2}$ $\boxed{3}$

　10を つくって けいさんしよう。

② $6 + 6 = \boxed{12}$　10　$\boxed{4}$ $\boxed{2}$

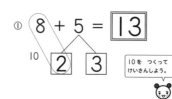

③ $9 + 8 = \boxed{17}$　$\boxed{1}$ $\boxed{7}$

④ $7 + 7 = \boxed{14}$　$\boxed{3}$ $\boxed{4}$

⑤ $9 + 5 = \boxed{14}$　$\boxed{1}$ $\boxed{4}$

21

P.22

くりあがりの ある たしざん（12）

		なまえ
がつ	にち	

● $4 + 8$を けいさんしましょう。

 どちらを 10こいりに すると いいかな。

$4 + 8 = \boxed{12}$　$\boxed{2}$ $\boxed{2}$ 10

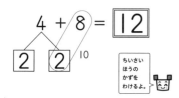 ちいさい ほうの かずを わけるよ。

● 10を つくって けいさんしましょう。

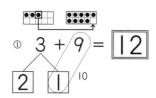

① $3 + 9 = \boxed{12}$　$\boxed{2}$ $\boxed{1}$ 10

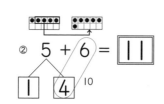

② $5 + 6 = \boxed{11}$　$\boxed{1}$ $\boxed{4}$ 10

22

P.23

くりあがりの ある たしざん（13）

		なまえ
がつ	にち	

● 10を つくって けいさんしましょう。

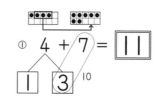

① $4 + 7 = \boxed{11}$　$\boxed{1}$ $\boxed{3}$ 10

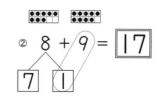

② $8 + 9 = \boxed{17}$　$\boxed{7}$ $\boxed{1}$

③ $6 + 9 = \boxed{15}$　$\boxed{5}$ $\boxed{1}$

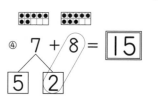

④ $7 + 8 = \boxed{15}$　$\boxed{5}$ $\boxed{2}$

23

P.24

くりあがりの ある たしざん (14)

		なまえ
がつ	にち	

● けいさんを しましょう。

① 6 + 8 = 14

② 9 + 3 = 12

③ 5 + 9 = 14

④ 7 + 9 = 16

⑤ 8 + 4 = 12

⑥ 6 + 6 = 12

24

P.25

くりあがりの ある たしざん (15)

		なまえ
がつ	にち	

● けいさんを しましょう。

① 9 + 2 = 11

② 8 + 8 = 16

③ 7 + 6 = 13

④ 5 + 8 = 13

⑤ 7 + 9 = 16

⑥ 3 + 8 = 11

25

P.26

くりあがりの ある たしざん (16) ぶんしょうだい

		なまえ
がつ	にち	

● くるみさんは めだかを 8ぴき かって います。6ぴき もらいました。
めだかは ぜんぶで なんびきに なりましたか。

 はじめに いた めだか　8 ひき

 もらった めだか　6 ぴき

しき　8 + 6 = 14

こたえ　14 ひき

● あかい はなが 4ほん さいて います。きいろい はなが 9ほん さいて います。
はなは あわせて なんぼん さいて いますか。

 あかい はな　4 ほん

 きいろい はな　9 ほん

しき　4 + 9 = 13

こたえ　13 ぼん

26

P.27

くりさがりの ある ひきざん (1) じゅんび

		なまえ
がつ	にち	

● けいさんを しましょう。

10−0の けいさんを おもいだそう。

① 10 − 3 = 7

② 10 − 6 = 4

③ 10 − 5 = 5

④ 10 − 1 = 9

⑤ 10 − 8 = 2

⑥ 10 − 7 = 3

⑦ 10 − 9 = 1

⑧ 10 − 4 = 6

⑨ 10 − 2 = 8

27

P.28

くりさがりの ある
ひきざん (2) じゅんび

がつ	にち	なまえ

● □に かずを かきましょう。

① 12は 10と **2**

② 18は 10と **8**

③ 15は 10と **5**

④ 17は 10と **7**

⑤ 11は 10と **1**

⑥ 13は 10と **3**

⑦ 19は 10と **9**

⑧ 16は 10と **6**

⑨ 14は 10と **4**

28

P.29

くりさがりの ある
ひきざん (3) ○-9の けいさん

がつ	にち	なまえ

● クッキーが 15こ あります。
9こ たべました。
のこりは なんこに なりますか。

15を
10と 5に わける

↓

10から 9を ひく

 のこった クッキーに いろを ぬろう。

しき 15-9= **6**   こたえ **6** こ

29

P.30

くりさがりの ある
ひきざん (4) ○-9の けいさん

がつ	にち	なまえ

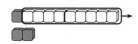

① 12-9= **3**

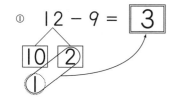

🐼
❶ 12を 10と 2に わける。
❷ 10から 9を ひいて ①
❸ ①と 2で 3

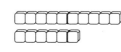

② 16-9= **7**

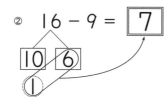

❶ 16を 10と 6に わける。
❷ 10から 9を ひいて ①
❸ ①と 6で 7

30

P.31

くりさがりの ある
ひきざん (5) ○-9の けいさん

がつ	にち	なまえ

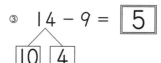

① 11-9= **2**
10 1

② 17-9= **8**
10 7

③ 14-9= **5**
10 4

④ 13-9= **4**
10 3

31

108

P.32

くりさがりの ある
ひきざん (6)　　　○－8の けいさん

		なまえ	
がつ	にち		

● クッキーが 13こ あります。
　8こ たべました。
　のこりは なんこに なりますか。

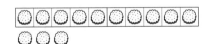

13を
10と 3に わける

10から 8を ひく

　のこった クッキーに いろを ぬろう。

しき　$13 - 8 = \boxed{5}$　　こたえ　$\boxed{5}$ こ

32

P.33

くりさがりの ある
ひきざん (7)　　　○－8の けいさん

		なまえ	
がつ	にち		

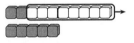

① $15 - 8 = \boxed{7}$
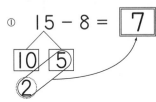

② $12 - 8 = \boxed{4}$
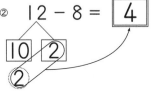
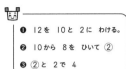

❶ 15を 10と 5に わける。
❷ 10から 8を ひいて ②
❸ ②と 5で 7

❶ 12を 10と 2に わける。
❷ 10から 8を ひいて ②
❸ ②と 2で 4

33

P.34

くりさがりの ある
ひきざん (8)　　　○－8の けいさん

		なまえ	
がつ	にち		

① $14 - 8 = \boxed{6}$

10　4

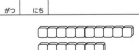

② $17 - 8 = \boxed{9}$
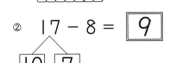
10　7

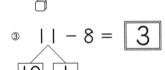

③ $11 - 8 = \boxed{3}$
10　1

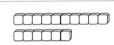

④ $16 - 8 = \boxed{8}$
10　6

34

P.35

くりさがりの ある
ひきざん (9)　　　○－7の けいさん

		なまえ	
がつ	にち		

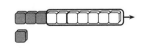

① $11 - 7 = \boxed{4}$
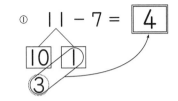

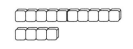

② $14 - 7 = \boxed{7}$
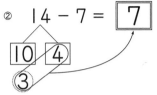

❶ 11を 10と 1に わける。
❷ 10から 7を ひいて ③
❸ ③と 1で 4

❶ 14を 10と 4に わける。
❷ 10から 7を ひいて ③
❸ ③と 4で 7

35

P.36

くりさがりの ある ひきざん（10）　○−7の けいさん

がつ	にち	なまえ

① $15 - 7 = \boxed{8}$
　$\overset{\diagup \ \diagdown}{\boxed{10}\ \boxed{5}}$

② $12 - 7 = \boxed{5}$
　$\overset{\diagup \ \diagdown}{\boxed{10}\ \boxed{2}}$

③ $13 - 7 = \boxed{6}$
　$\overset{\diagup \ \diagdown}{\boxed{10}\ \boxed{3}}$

④ $16 - 7 = \boxed{9}$
　$\overset{\diagup \ \diagdown}{\boxed{10}\ \boxed{6}}$

36

P.37

くりさがりの ある ひきざん（11）　○−6, ○−5の けいさん

がつ	にち	なまえ

① $13 - 6 = \boxed{7}$
　$\overset{\diagup \ \diagdown}{\boxed{10}\ \boxed{3}}$
　④

② $11 - 5 = \boxed{6}$
　$\overset{\diagup \ \diagdown}{\boxed{10}\ \boxed{1}}$
　⑤

❶ 13を 10と 3に わける。
❷ 10から 6を ひいて ④
❸ ④と 3で 7

❶ 11を 10と 1に わける。
❷ 10から 5を ひいて ⑤
❸ ⑤と 1で 6

37

P.38

くりさがりの ある ひきざん（12）　○−6, ○−5の けいさん

がつ	にち	なまえ

① $14 - 6 = \boxed{8}$
　$\overset{\diagup \ \diagdown}{\boxed{10}\ \boxed{4}}$

② $13 - 5 = \boxed{8}$
　$\overset{\diagup \ \diagdown}{\boxed{10}\ \boxed{3}}$

③ $12 - 6 = \boxed{6}$
　$\overset{\diagup \ \diagdown}{\boxed{10}\ \boxed{2}}$

④ $12 - 5 = \boxed{7}$
　$\overset{\diagup \ \diagdown}{\boxed{10}\ \boxed{2}}$

38

P.39

くりさがりの ある ひきざん（13）　○−4, ○−3の けいさん

がつ	にち	なまえ

① $13 - 4 = \boxed{9}$
　$\overset{\diagup \ \diagdown}{\boxed{10}\ \boxed{3}}$
　⑥

② $11 - 3 = \boxed{8}$
　$\overset{\diagup \ \diagdown}{\boxed{10}\ \boxed{1}}$
　⑦

❶ 13を 10と 3に わける。
❷ 10から 4を ひいて ⑥
❸ ⑥と 3で 9

❶ 11を 10と 1に わける。
❷ 10から 3を ひいて ⑦
❸ ⑦と 1で 8

39

P.40

くりさがりの ある
ひきざん (14)　　○−4，○−3，
　　　　　　　　○−2の けいさん

| | | なまえ |
|がつ|にち| |

① 12 − 4 = 8
　10　2

② 11 − 2 = 9
　10　1

③ 11 − 4 = 7
　10　1

④ 12 − 3 = 9
　10　2

40

P.41

くりさがりの ある
ひきざん (15)

| | | なまえ |
|がつ|にち| |

● けいさんを しましょう。

① 13 − 9 = 4
　10　3

④ 14 − 5 = 9
　10　4

② 15 − 7 = 8
　10　5

⑤ 11 − 6 = 5
　10　1

③ 16 − 8 = 8
　10　6

41

P.42

くりさがりの ある
ひきざん (16)

| | | なまえ |
|がつ|にち| |

● けいさんを しましょう。

① 11 − 8 = 3
　10　1

④ 12 − 4 = 8
　10　2

② 18 − 9 = 9
　10　8

⑤ 14 − 7 = 7
　10　4

③ 12 − 6 = 6
　10　2

42

P.43

くりさがりの ある　　ひきざんの しかた
ひきざん (17)　　（ひいて ひく ほうほう）

| | | なまえ |
|がつ|にち| |

● クッキーが 12こ あります。
　3こ たべました。
　のこりは なんこに なりますか。

はじめに
ばらの 2こを
たべます。

つぎに
10こから
1こ たべます。

12 − 3 = 9
　2　1

❶ 3を 2と 1に わける。
❷ 12 − 2 = 10
❸ 10 − 1 = 9

しき 12 − 3 = 9

こたえ 9 こ

43

111

P.44

くりさがりの ある ひきざん（18）
ひきざんの しかた（ひいて ひく ほうほう）

がつ	にち	なまえ

● けいさんを しましょう。

① 16 − 8

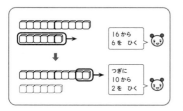

16から 6を ひく

つぎに 10から 2を ひく

$$16 - 8 = \boxed{8}$$

$$\boxed{6} \quad \boxed{2}$$

② 14 − 7

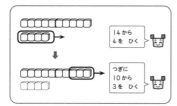

14から 4を ひく

つぎに 10から 3を ひく

$$14 - 7 = \boxed{7}$$

$$\boxed{4} \quad \boxed{3}$$

44

P.45

くりさがりの ある ひきざん（19）

がつ	にち	なまえ

● けいさんを しましょう。

① $13 - 5 = \boxed{8}$

② $15 - 8 = \boxed{7}$

③ $17 - 9 = \boxed{8}$

④ $14 - 6 = \boxed{8}$

⑤ $11 - 2 = \boxed{9}$

じぶんが けいさん しやすい しかたで けいさんしよう。

45

P.46

くりさがりの ある ひきざん（20）

がつ	にち	なまえ

● けいさんを しましょう。

① $13 - 7 = \boxed{6}$

② $11 - 9 = \boxed{2}$

③ $14 - 5 = \boxed{9}$

④ $12 - 8 = \boxed{4}$

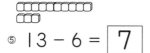

⑤ $13 - 6 = \boxed{7}$

じぶんが けいさん しやすい しかたで けいさんしよう。

46

P.47

くりさがりの ある ひきざん（21）
ぶんしょうだい

がつ	にち	なまえ

● そうげんに ひつじが 15ひき います。
6ぴき こやに かえりました。
そうげんに いる ひつじは なんびきに なりましたか。

 はじめに いた ひつじ $\boxed{15}$ ひき

 こやに かえった ひつじ $\boxed{6}$ ぴき

しき $\boxed{15} - \boxed{6} = \boxed{9}$

はじめに いた ひつじ　かえった ひつじ　のこりは

こたえ $\boxed{9}$ ひき

● メロンパンを 14こ うって いました。
8こ うれました。
のこりの メロンパンは なんこですか。

 はじめに あった メロンパン $\boxed{14}$ こ

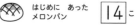 うれた メロンパン $\boxed{8}$ こ

しき $\boxed{14} - \boxed{8} = \boxed{6}$

はじめに あった メロンパン　うれた メロンパン　のこりは

こたえ $\boxed{6}$ こ

47

P.48

くりさがりの　ある　ひきざん (22) ぶんしょうだい

がつ	にち	なまえ

● ねこが　13ぴき　います。
そのうち　おすの　ねこは　6ぴきです。
めすの　ねこは　なんびきですか。

🐱🐱🐱🐱🐱🐱🐱🐱🐱🐱
🐱🐱🐱

ぜんぶの　おすの　めすの
ねこの　かず　ねこの　かず　ねこの　かず

しき　$13 - 6 = 7$

こたえ　7　ひき

● みずうみに　はくちょうが　7わ　います。
かもが　11わ　います。
どちらが　なんわ　おおいですか。

 7 わ　　 11 わ
はくちょう　　　かも

おおいのは　（　はくちょう　（かも））

おおい　かず　すくない　かず　ちがい

しき　$11 - 7 = 4$

こたえ　かも　が　4　わ　おおい。

P.49

くりさがりの　ある　ひきざん (23) たしざんかな　ひきざんかな

がつ	にち	なまえ

● とんぼを　13びき　つかまえました。
9ひき　にげました。
のこりの　とんぼは　なんびきに　なりましたか。

えや　ずを　かいて　みよう
略

どちらかに　○を　つけよう　（　たしざん　（ひきざん））

しき　$13 - 9 = 4$

こたえ　4 ひき

● ちゅうしゃじょうに　バスが　7だい　とまって　います。
あとから　4だい　きました。
バスは　ぜんぶで　なんだいに　なりましたか。

えや　ずを　かいて　みよう
略

どちらかに　○を　つけよう　（（たしざん）　ひきざん）

しき　$7 + 4 = 11$

こたえ　11 だい

P.50

くりさがりの　ある　ひきざん (24) たしざんかな　ひきざんかな

がつ	にち	なまえ

● きの　うえに　りすが　5ひき　います。
きの　したに　8ひき　います。
あわせて　りすは　なんびきですか。

えや　ずを　かいて　みよう
略

どちらかに　○を　つけよう　（（たしざん）　ひきざん）

しき　$5 + 8 = 13$

こたえ　13びき

● さえさんは　ギョーザを　5こ　つくりました。
おねえさんは　12こ　つくりました。
おねえさんは　さえさんより　なんこ　おおく　ギョーザを　つくりましたか。

えや　ずを　かいて　みよう
略

どちらかに　○を　つけよう　（　たしざん　（ひきざん））

しき　$12 - 5 = 7$

こたえ　7こ

P.51

とけい (1)

がつ	にち	なまえ

● とけいの　すうじを　かきましょう。

ながい　はり　は　12

みじかい　はり　は　3

みじかい　はり　で　なんじかを　よむよ。
この　とけいは　3じ　です。

■ なんじでしょう。

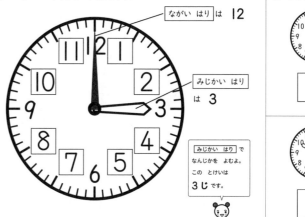

5 じ

10 じ

解答

児童に実施させる前に，必ず指導される方が問題を解いてください。本書の解答は，あくまでも1つの例です。指導される方の作られた解答をもとに，本書の解答例を参考に児童の多様な考えに寄り添って○つけをお願いします。

P.52

とけい (2)

		なまえ
がつ	にち	

● とけいを よみましょう。

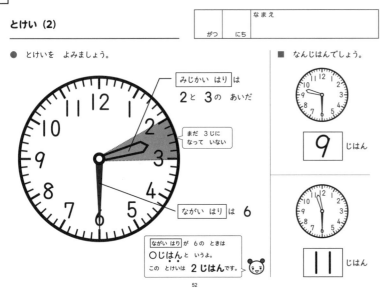

みじかい はり は
2と **3** の あいだ

まだ **3**じに
なって いない

ながい はり は **6**

ながい はり が **6**の ときは
○じはん と いうよ。
この とけいは **2**じはんです。

■ なんじはんでしょう。

9 じはん

11 じはん

52

P.53

とけい (3)

		なまえ
がつ	にち	

● とけいを よみましょう。

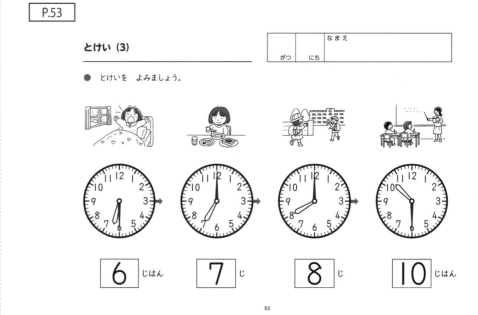

6 じはん → **7** じ → **8** じ → **10** じはん

53

P.54

とけい (4)

		なまえ
がつ	にち	

● なんじ なんぷんでしょう。

① みじかい はり で
じかんを よむ。
② ながい はり で
なんぷんかを よむ。

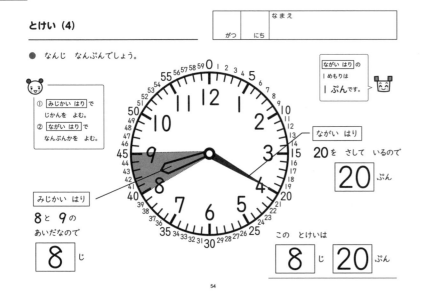

ながい はり の
1めもりは
1ぷんです。

ながい はり
20 を さして いるので
20 ぷん

みじかい はり
8 と **9** の
あいだなので
8 じ

この とけいは
8 じ **20** ぷん

54

P.55

とけい (5)

		なまえ
がつ	にち	

● なんじ なんぷんでしょう。

11 じ **15** ふん

4 じ **55** ふん

みじかい はり **12** ながい はり **40**
12 じ **40** ぷん

7じはんとも
いうね。

みじかい はり **7** ながい はり **30**
7 じ **30** ぷん

55

P.56

とけい (6)

		なまえ
がつ	にち	

● なんじ　なんぷんでしょう。

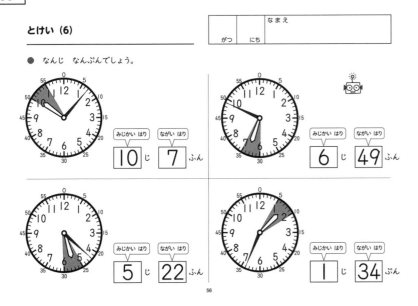

P.57

おおきさくらべ (1)　ながさくらべ

		なまえ
がつ	にち	

● ながい　ほうに　○を　つけましょう。

① えんぴつ

② なわとび

● たかい　ほうに　○を　つけましょう。

① き

② いえ

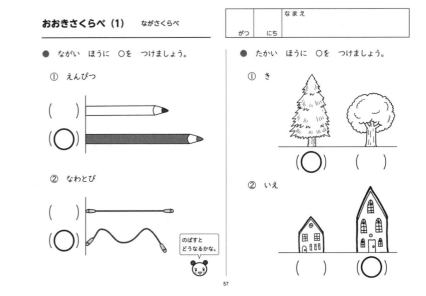

P.58

おおきさくらべ (2)　ながさくらべ

		なまえ
がつ	にち	

● ながい　ほうに　○を　つけましょう。

■ ながい　じゅんに　（　）に　1, 2, 3 を　かきましょう。

● ながさを　くらべましょう。

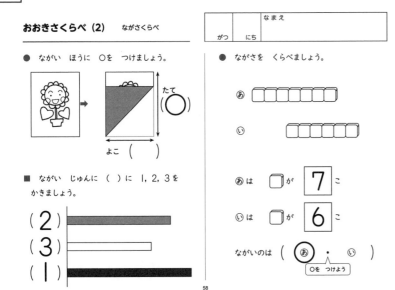

P.59

おおきさくらべ (3)　ながさくらべ

		なまえ
がつ	にち	

● ながい　ほうに　○を　つけましょう。

● ながさを　くらべましょう。

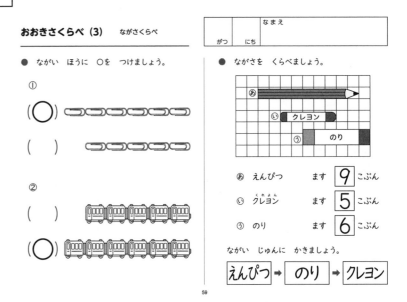

P.60

おおきさくらべ（4）　かさくらべ

		なまえ
がつ	にち	

● おおい ほうに ○を つけましょう。

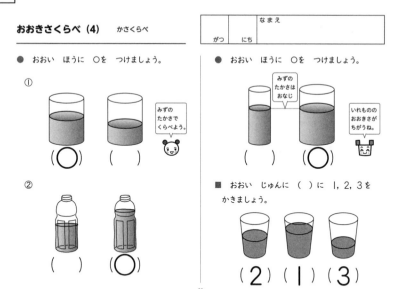

● おおい ほうに ○を つけましょう。

■ おおい じゅんに （ ）に 1, 2, 3を かきましょう。

（2）（1）（3）

60

P.61

おおきさくらべ（5）　かさくらべ

		なまえ
がつ	にち	

● おおい ほうに ○を つけましょう。

● おおい ほうに ○を つけましょう。

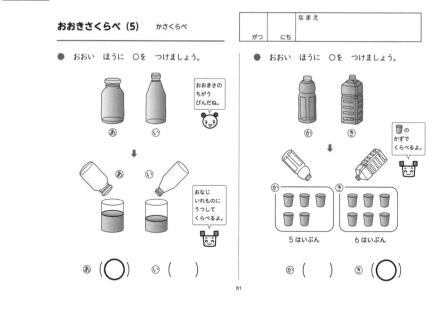

61

P.62

おおきさくらべ（6）　かさくらべ

		なまえ
がつ	にち	

● はいる みずが おおい ほうに ○を つけましょう。

● どちらの はこが おおきいですか。おおきい ほうに ○を つけましょう。

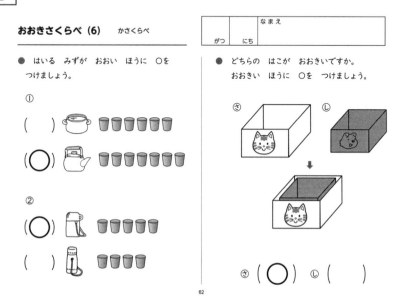

62

P.63

おおきさくらべ（7）　ひろさくらべ

		なまえ
がつ	にち	

● ひろい ほうに ○を つけましょう。

● ひろい ほうに ○を つけましょう。

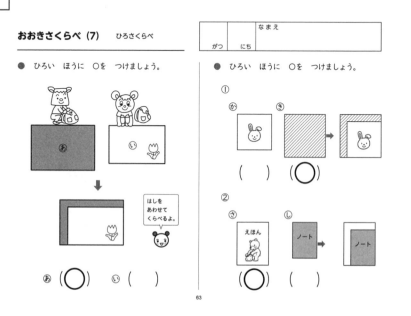

63

116

P.64

おおきさくらべ（8）　ひろさくらべ

		なまえ
がつ	にち	

● ひろい ほうに ○を つけましょう。

えはがき ■ の かずで くらべよう。

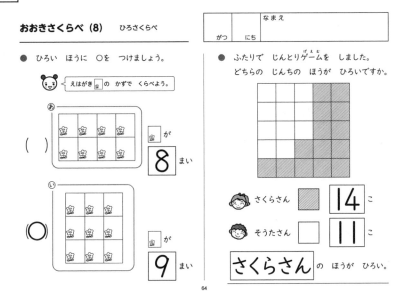

● ふたりで じんとりゲームを しました。どちらの じんちの ほうが ひろいですか。

😊 さくらさん　**14** こ

😊 そうたさん　**11** こ

さくらさん の ほうが ひろい。

64

P.65

かたち（1）　かたちあそび

		なまえ
がつ	にち	

● どの かたちでしょう。

① よく ころがる かたちを 2つ えらびましょう。

う と **え**

② うえに つむことが できる かたちを 3つ えらびましょう。

あ と **い** と **う**

● おなじ なかまの かたちを せんで むすびましょう。

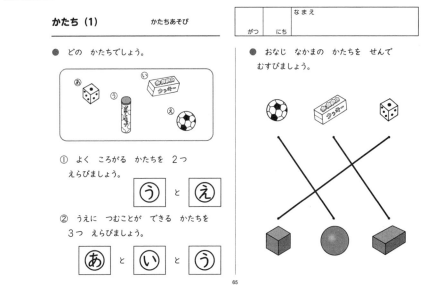

65

P.66

かたち（2）　かたちあそび

		なまえ
がつ	にち	

● かたちを かみに うつしました。どんな かたちに なりますか。せんで むすびましょう。

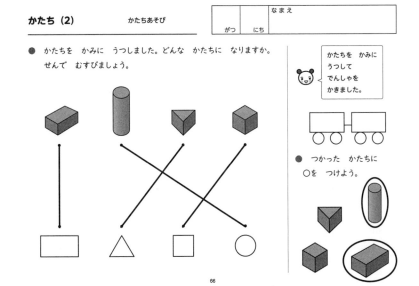

かたちを かみに うつして でんしゃを かきました。

● つかった かたちに ○を つけよう。

66

P.67

かたち（3）　かたちづくり

		なまえ
がつ	にち	

● したの ①から ④の かたちは，あの かたちを なんまい つかうと できますか。

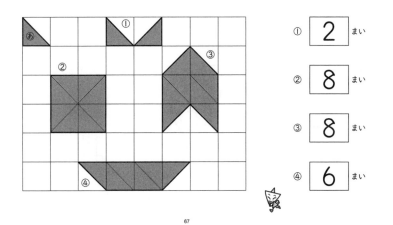

① **2** まい

② **8** まい

③ **8** まい

④ **6** まい

67

117

P.68

かたち（4）

がつ	にち	なまえ

● ⓐの かたちを ならべて した かたちを つくりました。
ならべかたが わかるように つづきの せんを ひきましょう。

① を 6まい　② を 8まい　③ を 9まい

　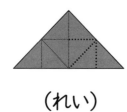　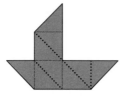

（れい）

68

P.69

かたち（5）　かたちづくり

がつ	にち	なまえ

● おなじ かたちを みぎに かきましょう。

● ・と ・を せんで つないで
いろいろな かたちを かきましょう。

①

②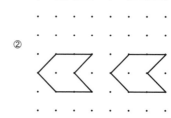

略

69

P.70

おおきい かず（1）　40までの かず

がつ	にち	なまえ

● どんぐりは なんこですか。

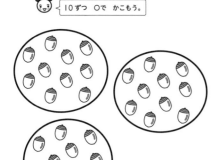

10が 3 こで

さんじゅう

30 こ

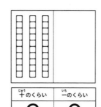

十のくらい	一のくらい
3	0

70

P.71

おおきい かず（2）　40までの かず

がつ	にち	なまえ

● りすは なんびきですか。

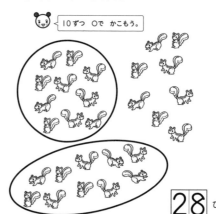

10が 2 こで 20

1が 8 こで 8

20と 8で にじゅうはち

28 ひき

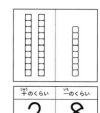

十のくらい	一のくらい
2	8

71

おおきい　かず（3）　40までの　かず

		なまえ
がつ	にち	

● かきは　なんこですか。

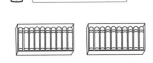 10ずつ ○で かこもう。

10が [3] こと 1が [5] こで

[35] こ

● クレヨンは　なんぼんですか。

10ぽんずつ はいって いるね。

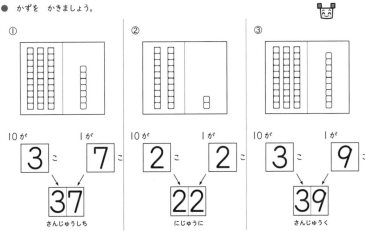

10が [4] こで

[40] ぽん

72

おおきい　かず（4）　40までの　かず

		なまえ
がつ	にち	

● かずを　かきましょう。

① 10が [3]こ　1が [7]こ → [37] さんじゅうしち

② 10が [2]こ　1が [2]こ → [22] にじゅうに

③ 10が [3]こ　1が [9]こ → [39] さんじゅうく

73

おおきい　かず（5）　40までの　かず

		なまえ
がつ	にち	

● □に　かずを　じゅんばんに　かきましょう。

スタート

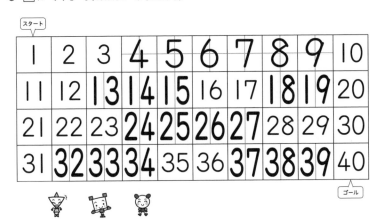

1	2	3	4	5	6	7	8	9	10
11	12	13	14	15	16	17	18	19	20
21	22	23	24	25	26	27	28	29	30
31	32	33	34	35	36	37	38	39	40

ゴール

74

おおきい　かず（6）　100までの　かず

		なまえ
がつ	にち	

● バナナは　なんぼんですか。

10が [5] こと

1が [3] こで　[53] ぽん

● たまごは　なんこですか。

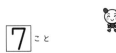

10が [7] こと

1が [6] こで　[76] こ

75

解答

児童に実施させる前に，必ず指導される方が問題を解いてください。本書の解答は，あくまでも1つの例です。指導される方の作られた解答をもとに，本書の解答例を参考に児童の多様な考えに寄り添って○つけをお願いします。

P.76

おおきい かず（7） 100までの かず

がつ　にち　なまえ

● クッキーは なんまいですか。

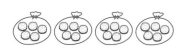

10が **6** こで **60** まい

● いろがみは なんまいですか。

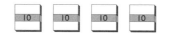

10が **9** ことで

1が **2** こで **92** まい

76

P.77

おおきい かず（8） 100までの かず

がつ　にち　なまえ

● かずを かきましょう。

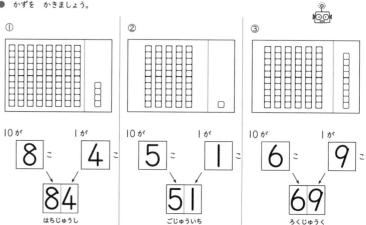

① 10が **8** こ　1が **4** こ

84

はちじゅうし

② 10が **5** こ　1が **1** こ

51

ごじゅういち

③ 10が **6** こ　1が **9** こ

69

ろくじゅうく

77

P.78

おおきい かず（9） 100までの かず

がつ　にち　なまえ

● □に かずを かきましょう。

①　10が 2こで **20**

1が 6こで **6**

20 と **6** で **26**

②　10が 7こで **70**

1が 4こで **4**

70 と **4** で **74**

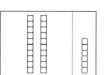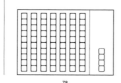

③　10が 5こで **50**

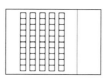

78

P.79

おおきい かず（10） 100までの かず

がつ　にち　なまえ

● □に かずを かきましょう。

① 10が 4こと 1が 7こで **47**

十のくらい	一のくらい
4	7

くらいの へやに いれてみよう。

② 10が 8こで **80**

十のくらい	一のくらい
8	0

③ 65は，10が **6** こと 1が **5** こ

十のくらい	一のくらい
6	5

④ 90は，10が **9** こ

十のくらい	一のくらい
9	0

79

120

P.80

おおきい　かず（11）　100までの　かず

		なまえ
がつ	にち	

● □に　かずを　かきましょう。

① 十のくらいが　7，一のくらいが　2の

かずは　**72**

十のくらい	一のくらい
7	2

くらいの
へやに
いれてみよう。

② 十のくらいが　5，一のくらいが　0の

かずは　**50**

十のくらい	一のくらい
5	0

③ 86の　十のくらいの　すうじは　**8**，

一のくらいの　すうじは　**6**

十のくらい	一のくらい
8	6

80

P.81

おおきい　かず（12）　100までの　かず

		なまえ
がつ	にち	

● かずを　かきましょう。

①

27

20　7

27は
20と　いくつかな。

② 54

50　4

③ 79

70　9

④ 42

40　2

⑤ 86

80　6

81

P.82

おおきい　かず（13）　100と　いう　かず

		なまえ
がつ	にち	

● 🐻の　シールは　ぜんぶで　なんこですか。

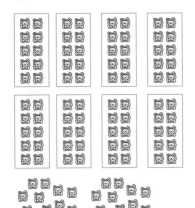

10の　まとまりが
いくつ　できたかな。

10が　10こで　百と　いいます。

百は　**100**　と　かきます。

100は，99より　**1**　おおきい

かずです。

82

P.83

おおきい　かず（14）　100と　いう　かず

		なまえ
がつ	にち	

● たまごは　なんこですか。

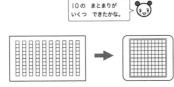

○○○
○○○
○○

100 こ

● □に　かずを　じゅんばんに　かきましょう。

スタート

81	82	83	84	85
86	87	88	89	90
91	92	93	94	95
96	97	98	99	100

ゴール

83

P.84

おおきい かず（15） 100までの かず

がつ	にち	なまえ

● かずのせん を みて，あ〜かの かずを □ に かきましょう。

① 0　5　10　20　30　40　50

あ 23　い 35　う 46

② 50　60　70　80　90　100

え 67　お 82　か 99

P.85

おおきい かず（16） 100までの かず

がつ	にち	なまえ

40　50　60　70　80　90　100

みぎに すすむほど かずが おおきく なるね。

かずのせん で たしかめよう。

● かずの おおきい ほうに ○を つけましょう。

① (77) と 73　　④ (100) と 99

② 42 と (52)　　⑤ 89 と (93)

③ 68 と (86)

P.86

おおきい かず（17） 100までの かず

がつ	にち	なまえ

● □に かずを かきましょう。

① 46　47　48　49　50　51

② 72　73　74　75　76　77

③ 98　99　100

④ 59　60　61

P.87

おおきい かず（18） 100より おおきい かず

がつ	にち	なまえ

● えんぴつは なんぼんですか。

①
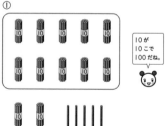

10が 10こで 100だね。

100が 1こ 10が 2こ 1が 5こ

ひゃくにじゅうご 125 ほん

②
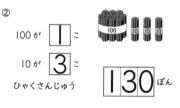

100が 1こ
10が 3こ

ひゃくさんじゅう 130 ぼん

③

100が 1こ
1が 2こ

ひゃくに 102 ほん

84

85

86

87

122

P.88

おおきい かず（19）　100より おおきい かず

● かずのせん を みて，㋐，㋑，㋒の かずを □ に かきましょう。

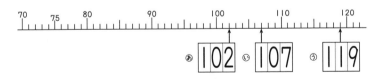

㋐ 102　㋑ 107　㋒ 119

■ □に かずを かきましょう。

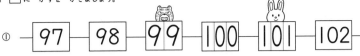

① 97 — 98 — 99 — 100 — 101 — 102

② 115 — 116 — 117 — 118 — 119 — 120

P.89

おおきい かず（20）　たしざん

● けいさんを しましょう。

① $40 + 20 = 60$

② $23 + 4 = 27$

③ $50 + 30 = 80$

④ $40 + 60 = 100$

⑤ $80 + 6 = 86$

⑥ $32 + 5 = 37$

P.90

おおきい かず（21）　ひきざん

● けいさんを しましょう。

① $50 - 30 = 20$

② $28 - 5 = 23$

③ $80 - 60 = 20$

④ $100 - 20 = 80$

⑤ $67 - 7 = 60$

⑥ $75 - 3 = 72$

P.91

どんな しきに なるかな（1）

● みくさんは まえから 3ばんめに います。
みくさんの うしろに 4にん います。
みんなで なんにん いますか。

みく

○を つかって
ずに あらわすと
よく わかるね。

ずに あらわそう

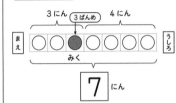

3にん　3ばんめ　4にん
まえ　　　みく　　　うしろ

7にん

しき

$3 + 4 = 7$

こたえ 7にん

123

P.92

どんな しきに なるかな (2)

		なまえ
がつ	にち	

● ゆうさんは まえから 4ばんめに います。
ゆうさんの うしろに 5にん います。
みんなで なんにん いますか。

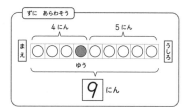

しき | 4 | + | 5 | = | 9 |

こたえ 9 にん

● かいとさんは まえから 6ばんめに います。
かいとさんの うしろに 3にん います。
みんなで なんにん いますか。

(れい)

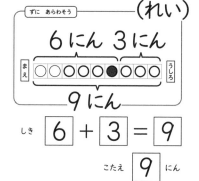

しき | 6 | + | 3 | = | 9 |

こたえ 9 にん

92

P.93

どんな しきに なるかな (3)

		なまえ
がつ	にち	

● 8にん ならんで います。
さきさんは まえから 5ばんめに います。
さきさんの うしろには なんにん いますか。

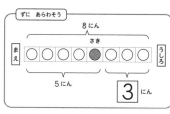

しき | 8 | − | 5 | = | 3 |

こたえ 3 にん

● 10にん ならんで います。
なぎさんは まえから 3ばんめに います。
なぎさんの うしろには なんにん いますか。

(れい)

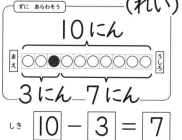

しき | 10 | − | 3 | = | 7 |

こたえ 7 にん

93

P.94

どんな しきに なるかな (4)

		なまえ
がつ	にち	

● バスていに ひとが ならんで います。
せなさんの まえに 3にん います。
せなさんの うしろに 4にん います。
ぜんぶで なんにん ならんで いますか。

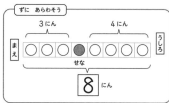

しき | 3 | + | 1 | + | 4 | = | 8 |
(3+4+1=8)

こたえ 8 にん

● おみせの まえに ひとが ならんで います。
まみさんの まえに 5にん います。
まみさんの うしろに 3にん います。
ぜんぶで なんにん ならんで いますか。

(れい)

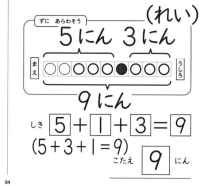

しき | 5 | + | 1 | + | 3 | = | 9 |
(5+3+1=9)

こたえ 9 にん

94

P.95

どんな しきに なるかな (5)

		なまえ
がつ	にち	

● 7にんが 1こずつ ケーキを たべます。
ケーキは あと 3こ あります。
ケーキは，ぜんぶで なんこ ありますか。

ひとと ケーキを せんで つなぐと わかるよ。

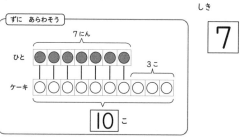

しき

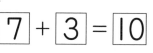

| 7 | + | 3 | = | 10 |

こたえ 10 こ

95

124

P.96

どんな しきに なるかな（6）

● えんぴつが 8ぽん あります。
　6にんの こどもに 1ぽんずつ わたします。
　えんぴつは なんぼん のこりますか。

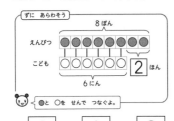

しき $8 - 6 = 2$

こたえ 2 ほん

● 5にんが 1さつずつ ほんを かります。
　ほんは あと 4さつ あります。
　ほんは、ぜんぶで なんさつ ありますか。

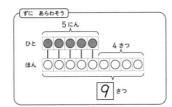

しき $5 + 4 = 9$

こたえ 9 さつ

P.97

どんな しきに なるかな（7）

● えを みて，あてはまる ほうに ○を しましょう。

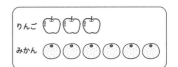

① ねこは いぬより 2ひき
　（ **おおい** ・ すくない ）
　どちらかに ○を しよう

② いぬは ねこより 2ひき
　（ おおい ・ **すくない** ）

③ りんごは みかんより 3こ
　（ おおい ・ **すくない** ）
　どちらかに ○を しよう

④ みかんは りんごより 3こ
　（ **おおい** ・ すくない ）

P.98

どんな しきに なるかな（8）

● どうぶつえんに ライオンが 5とう います。
　シマウマは ライオンより 3とう おおいそうです。
　シマウマは なんとう いますか。

3とう おおいから たしざんだね。

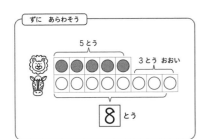

しき

$5 + 3 = 8$

こたえ 8 とう

P.99

どんな しきに なるかな（9）

● ゆうとさんは さかなを 7ひき つりました。
　おにいさんは ゆうとさんより 3びき おおく つりました。
　おにいさんは さかなを なんびき つりましたか。

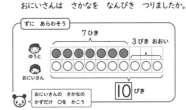

おにいさんの さかなの かずだけ ○を かこう

しき $7 + 3 = 10$

こたえ 10 ぴき

● ゆずさんは 1かずつ 4さつ ほんを よみました。さくらさんは ゆずさんより 2さつ おおく よみました。
　さくらさんは なんさつ ほんを よみましたか。

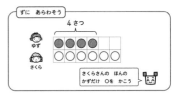

さくらさんの ほんの かずだけ ○を かこう

しき $4 + 2 = 6$

こたえ 6 さつ

P.100

どんな しきに なるかな（10）

		なまえ
がつ	にち	

● りんごの ジュースが ８ぽん あります。
ぶどうの ジュースは，りんごの ジュースより
３ぽん すくないそうです。
ぶどうの ジュースは なんぼん ありますか。

３ぼん すくないから
ひきざんだね。

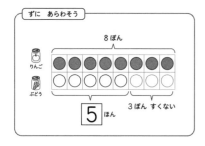

ずに あらわそう
りんご
ぶどう
８ぽん
５ ほん
３ぼん すくない

しき

$$8 - 3 = 5$$

こたえ ５ ほん

100

P.101

どんな しきに なるかな（11）

		なまえ
がつ	にち	

● だいきさんは なわとびを つづけて 12かい
とびました。
おとうとは だいきさんより ２かい すくなく
とびました。おとうとは なんかい とびましたか。

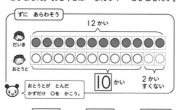

ずに あらわそう
だいき
おとうと
12かい
10かい
２かい
すくない

おとうとが とんだ
かずだけ ○を かこう。

しき

$$12 - 2 = 10$$

こたえ 10 かい

● あおいさんは 10さいです。
いもうとは あおいさんより ５さい
とししたです。
いもうとは なんさいですか。

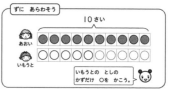

ずに あらわそう
あおい
いもうと
10さい

いもうとの としの
かずだけ ○を かこう。

しき

$$10 - 5 = 5$$

こたえ ５ さい

101

126

喜楽研の支援教育シリーズ

ゆっくり ていねいに 学べる

算数教科書支援ワーク　1 – ②

2023 年 3 月 1 日　　第 1 刷発行

イ ラ ス ト ：　山口 亜耶 他
表紙イラスト ：　鹿川 美佳
表紙デザイン ：　エガオデザイン
企 画 ・ 編 著 ：　原田 善造・あおい えむ・今井 はじめ・さくら りこ
　　　　　　　　中田 こういち・なむら じゅん・ほしの ひかり・堀越 じゅん
　　　　　　　　みやま りょう（他 4 名）
編 集 担 当 ：　桂　真紀

発 行 者 ：　岸本 なおこ
発 行 所 ：　喜楽研（わかる喜び学ぶ楽しさを創造する教育研究所：略称）
　　　　　　　　〒604-0827　京都府京都市中京区高倉通二条下ル瓦町 543-1
　　　　　　　　TEL　075-213-7701　FAX　075-213-7706
　　　　　　　　HP　https://www.kirakuken.co.jp
印 刷 ：　創栄図書印刷株式会社

ISBN:978-4-86277-398-2

Printed in Japan

喜楽研 WEB サイト
書籍の最新情報（正誤表含む）は
喜楽研 WEB サイトをご覧下さい。

学校現場では，本書ワークシートをコピー・印刷して児童に配布できます。
学習する児童の実態にあわせて，拡大してお使い下さい。